MÉMOIRES D'OUTRE-TOMBE

D'UN PEUPLIER

MORT AU SERVICE DE LA RÉPUBLIQUE.

MÉMOIRES

D'OUTRE-TOMBE

D'UN PEUPLIER

MORT AU SERVICE DE LA RÉPUBLIQUE.

SECONDE EDITION.

PARIS.

SAGNIER ET BRAY, ÉDITEURS,
RUE DES SAINTS-PÈRES, 64.

1850

AVERTISSEMENT DES ÉDITEURS.

I

Pourquoi le peuplier a écrit ses mémoires.

> Les souvenirs d'un sage sont un parfum répandu sur la route des devoirs pour y attirer les voyageurs.

Quand un personnage a jeté quelque éclat pendant sa vie, il se persuade aisément que l'univers apprendra avec bonheur les particularités de sa resplendissante existence, et il écrit ses mémoires pour revivre admiré, même après sa mort. A ses yeux sa gloire se reflète sur tous les objets qui l'ont approché; son berceau et ses langes s'élèvent à la dignité de l'histoire, et les gambades et les jeux de son enfance lui apparaissent comme les éclairs d'un génie précoce, étincelant à travers sa layette de marmot. Quel dommage si la postérité eût ignoré l'époque solennelle où le grand homme a été retiré de chez sa bonne nourrice! Elle ne l'ignorera pas, et les mémoires et les confidences du personnage diront toutes les merveilles de son premier âge.

Le peuplier, dont nous publions les mémoires d'outre-tombe, ne s'est point donné cette importance enfantine. Il ne parlera ni de la noblesse, ni de la distinction de sa race antique ; et pourtant, lui aussi descend de haut lieu et date de loin ; car, placé même avant l'homme dans le paradis terrestre, il pourrait, par une suite non interrompue de grands ancêtres, remonter jusqu'au troisième jour de la création du monde. Mais ces détails, si propres à flatter sa vanité, il les a jugés peu dignes d'un être sérieux, et très-inutiles au but qu'il s'est proposé : celui d'éclairer et de servir le peuple français.

Éclairer et servir le peuple : austère et sainte mission ! imposée par la Providence aux âmes d'élite qui savent compatir et se dévouer ; mais mission profanée par ces hommes qui, escaladant les premiers les hauts emplois du gouvernement républicain, n'ont usé de leur subite élévation que pour servir leurs intérêts personnels. Disons, à la louange de notre peuplier, qu'au milieu des honneurs inouis dont la république l'a comblé, il n'a pas oublié un seul instant qu'il lui devait en retour la vérité qui sauve et le dévouement qui s'immole. Le lecteur reconnaîtra l'une et l'autre dans ces pages que nous ne craignons pas d'appeler le testament politique d'un sincère ami du peuple ; testament passé en présence des faits, et dicté par le bon sens, au profit des classes laborieuses.

Ouvrons-le.

II

Comment mes aïeux ont aimé leur état, et sont restés à la campagne.

> L'agriculture, qui laisse chacun à sa terre, fait vivre les hommes en paix ; le commerce et les arts, qui les entassent dans les villes, les mettent les uns avec les autres en conflit nécessaire d'intérêt.

Depuis six mille ans la famille des peupliers n'est point sortie de l'humble et douce position que lui a faite le Créateur. Ses membres répandus sur tous les points du globe ont constamment préféré les lieux bas aux situations élevées : ils aiment à habiter le fond humide des vallées et les rives verdoyantes des fontaines. Là, étrangers au bruit des cités, au tapage des assemblées politiques, aux intrigues des cours, ils vivent de la paisible vie des champs, et se trouvent heureux du bonheur de tout ce qui les entoure.

Mes aïeux étaient comme on est au village, bons, simples, généreux, contents d'offrir à l'oiseau voyageur l'hospitalité d'un instant sur leurs branches flexibles, ou par un bail gratuit, renouvelé chaque année, un asile de quelques mois à un berceau rempli d'espérance et déjà gazouillant de bonheur. Le matin, quand le point du jour commençait à blanchir leurs têtes, ils apercevaient au loin les hommes des champs sortir de leurs chaumières ; ceux-ci, lestes et joyeux, portant leurs outils sur leurs épaules et achevant entre deux haies le déjeuner gagné la veille. Ceux-là, assis sur le timon d'un chariot rustique et bruyant, fredonnant entre deux coups de fouet un air patriotique appris au régiment. Quelquefois à l'automne, s'en allant cueillir aux alentours l'herbe devenue plus rare, une jeune mère déposait à leurs pieds ses deux enfants, leur demandant pour eux de l'ombre contre le soleil, un abri contre la pluie, et, pour les réjouir, les quelques fleurs qui croissaient à leurs pieds.

Donc paix et sécurité, vie sobre et modeste, jours partagés entre la bienfaisance et le repos, telle fut l'existence de mes aïeux : qu'elle soit toujours la vôtre, chers habitants de la campagne, autrefois mes voisins et toujours mes amis! Mais, hélas! je ne sais quelle menteuse fascination vous a dégoûtés d'un si noble et si digne partage. Tous les hommes droits et généreux s'affligent de voir cette inexplicable émigration qui dépeuple nos champs pour encombrer les ateliers, les usines, les magasins, les cabinets, les études, les échoppes du journalisme et les antres de la chicane. L'homme qui n'a qu'une blouse, s'imagine que l'habit du citadin cache le bonheur entre ses plis; on n'est bien que là où l'on n'est pas, et le soir au foyer de la famille vous rêvez un bonheur que vous croyez bien loin, tandis qu'il est là, calme, familier, expansif entre le cœur de votre mère et celui de votre sœur. Ce journalier cultive la terre, il veut que son fils soit artisan. Ce jeune menuisier devait un jour succéder à son père, non, il sera épicier, négociant, instituteur, huissier, notaire, médecin. La honte de n'être qu'un campagnard, la prétention de devenir un bourgeois, l'espérance d'une félicité dont il respire les parfums lointains, transplantent cette jeune destinée de son sol natal dans une terre enchantée. Un beau jour donc je le vois passer par l'allée qui conduit de sa ferme à la ville, emportant sur son front le baiser de sa mère, dans son cœur les espérances de son père et dans sa bourse les épargnes de sa famille. Pauvre enfant, où vas-tu? Tu vas à l'école de l'orgueil, de la dépravation et de la misère; tu vas frapper à une porte dont vingt solliciteurs se disputent déjà l'entrée; tu vas jeter aux caprices du sort, aux incertitudes de l'avenir une vie qui devait couler comme le ruisseau de ton village entre deux bords fleuris. En effet, après les longues et laborieuses initiations qui devaient transformer son existence, le voilà qu'il ne sait plus que faire. A toutes les hôtelleries de la vie on lui répond impitoyablement qu'il n'y a plus de place. Un jour enfin, après avoir supporté tous les travaux, essuyé tous les refus, épuisé toutes ses ressources, après avoir dépensé sa jeunesse, ruiné sa famille et peut-être perdu sa vertu, sans pain et sans place, il se dit, comme l'enfant prodigue de l'Évangile : « Combien de mercenaires et d'ou-« vriers dans la maison de mon père ont du pain « en abondance, et moi je meurs ici de faim. » Alors, après six ou dix printemps, je le vois un soir reprendre le chemin de la maison d'où l'avait éloigné une trompeuse espérance, je le vois vieilli, couvert des livrées d'une misère mal déguisée, le front penché et honteux, le visage empreint d'une tristesse que ne peut effacer même la joie de revoir le toit paternel. Il revient, mais que rapporte-t-il? dans son âme des regrets inutiles, des goûts raffinés, des besoins insatiables; dans sa famille les chagrins, l'embarras, l'incapacité, la ruine et quelquefois le déshonneur. Dans la société enfin, un homme égaré qui a perdu sa route et son orbite, et pour qui la vie n'est plus qu'un fardeau et un châtiment. Heureux quand, pour retrouver cette route perdue, il ne se lance pas dans les périls des insurrections et des révolutions; heureux quand, pour se débarrasser de cette vie brisée, un criminel désespoir ne demande pas à la tombe un repos que le monde n'a pu lui donner.

Sans doute parmi ces nombreux naufragés quelques ambitions surnagent et arrivent aux rivages de la fortune. O mes amis, n'enviez pas leur bonheur. Quelle vie qu'une vie partagée entre les fatigues pour acquérir et les sollicitudes pour conserver, entre les arides accablements des affaires pendant le jour et les importuns calculs de la nuit ! S'ils sont sincères, ces parvenus vous apprendront eux-mêmes que leur vie, au dehors si resplendissante, n'est au dedans qu'irritation, dépits, ennuis, brisements de cœur, et que la roue de la fortune n'est trop souvent que la roue d'Ixion [1]. Et vous, parents aveugles, de tous vos sacrifices, de tous ces succès, de toutes ces richesses, que recueillerez-vous ? L'oubli, le mépris, le dédain. Car ne croyez pas plus à leur gratitude qu'à leur bonheur, et quelque jour vous les verrez passer en rougissant près de la blouse qui couvre l'auteur de leurs jours et de leur élévation.

Gardez-la donc cette blouse et pour vous et pour eux. Si vous n'avez à léguer à vos fils qu'une pioche et une cognée, vos fils seront comme vous des cultivateurs ou des bûcherons. Honorez-vous de votre condition, puisque Dieu vous honore. Ne vous a-t-il pas faits ses coopérateurs dans l'ordre de la nature? Ne vous a-t-il pas associés aux soins bienfaisants de

[1] Les anciens représentent le perpétuel tourment des ambitieux par le supplice d'Ixion, lié non avec des cordes, mais avec des serpents (le serpent de la cupidité et le serpent de l'envie) à une roue qui ne s'arrête jamais.

sa providence? Vous êtes les pourvoyeurs du genre humain, les conservateurs de sa vie, et, après Dieu, c'est à vous que toute créature qui veut vivre, doit venir en disant : « Donnez-nous aujour- « d'hui notre pain de chaque jour! » Voilà ce que vous êtes aux yeux de Dieu : aux yeux de la France vous êtes ses nourriciers et sa force. Plus il y aura des bras livrés aux travaux industriels, plus les profits seront amoindris par la concurrence et le partage. La terre, au contraire, améliorée par une culture plus active et plus puissante, récompense toujours un plus grand travail par une plus grande abondance. Hommes du pays, restez à la glèbe, vous êtes la ressource de la France; et, sachez-le bien, le jour où votre main aura semé un grain de blé ou planté un légume utile, vous aurez fait pour la patrie cent fois plus que l'illustre danseuse si follement payée et applaudie, cent fois plus que l'artiste inutile arrachant d'un instrument efféminé pour de frivoles auditeurs une frivole harmonie!

Mais moi je ne suis qu'un peuplier; je n'ai de persuasion que celle que donne l'expérience et l'amitié; écoutez plutôt les conseils de la sagesse antique et la voix harmonieuse d'un homme qui fut laboureur comme vous.

III

Ce que disait un ancien, au rapport d'un de mes ancêtres.

> La vie de l'homme est une journée d'orage : or, pendant l'orage, les arbres plantés au haut des collines sont ou brisés ou violemment agités; mais les arbres cachés dans le vallon jouissent d'un calme inaltérable.

Non loin de Mantoue, sur les bords du Mincio, près d'une grotte, s'élevait un de mes grands ancêtres au blanc feuillage. D'un côté ses racines s'étendaient vers les eaux du fleuve, et de l'autre elles s'enfonçaient dans la terre d'un champ fertile, modeste héritage d'un poëte de Mantoue. La beauté du site, le silence, l'ombrage et les eaux invitaient le poëte à venir rêver en ce lieu solitaire. Le peuplier triste comme sa pensée, et comme elle s'élevant droit au ciel, revenait souvent dans ses chants. C'est là qu'assis au pied de mon aïeul, Virgile [1] chantait tour à tour les bergers et les héros,

[1] Cet illustre poëte vit enlever à son vieux père sa petite propriété, située près de Mantoue, et son héritage passer aux mains rapaces d'un vétéran de l'armée victorieuse d'Antoine. Témoin et victime des révolutions et des guerres civiles qui s'allument aux foyers de la corruption des villes, il célèbre continuellement dans ses

les moissons et les combats. Ses vers, gracieux comme les fleurs d'une prairie, ou lugubres et solennels comme l'incendie d'une ville prise d'assaut, avaient la puissance de charmer le vieux peuplier, qui s'étonnait de se trouver sensible aux jeux de Thyrcis et aux malheurs d'Ilion.

Un jour, vers la fin de l'automne, le poëte (il touchait alors au déclin de l'âge) vint, selon sa coutume, se recueillir dans la grotte du Mincio. Son front, où resplendissait le génie, paraissait voilé d'un léger nuage de tristesse, et ses pensées, comme les serres d'un aigle, semblaient avoir saisi la solution de quelques-uns des problèmes de la vie humaine. Il s'était demandé qui parmi les mortels sont les plus heureux : puis, emporté sur les ailes de feu de son imagination, il avait, avant de répondre, parcouru tous les rangs de la société, appréciant la somme de bonheur répartie dans les diverses conditions, et il s'écria : « O trop heureux « les habitants des champs, s'ils connaissaient leur « bonheur! Loin des discordes et du bruit des « armes, la terre, par un juste retour, leur verse « de son sein une nourriture abondante et facile à « recueillir; parmi eux la jeunesse est accoutu-

vers le bonheur de la vie champêtre, et décrit avec amour les paisibles et utiles travaux des laboureurs. Voyez sa 1re églogue, ou plutôt toutes ses églogues, et ses quatre livres des *Géorgiques*.

« mée à supporter le travail et à vivre de peu. Là « le culte de Dieu et le religieux respect des pa-« rents sont en honneur ; et ce fut parmi eux que « la justice, quittant la terre, laissa les dernières « traces de son passage [1]. »

Cette suave peinture des avantages attachés à la condition des habitants de la campagne remplissait mon aïeul d'une délicieuse mélancolie, et chaque parole du poëte excitait dans son feuillage un léger battement d'approbation.

Depuis l'an de Rome 711, cette tradition passant dans ma famille, est devenue la règle de notre conduite, et rien dans le cours des âges n'est venu en démentir la sagesse. Nous avons vu les conquérants grandir dans la gloire, mourir dans les revers, s'ensevelir dans l'oubli ; les philosophes, les savants jeter au monde la poussière de leurs faibles pensées, puis disparaître et tomber comme les feuilles d'un arbre aux approches de l'hiver. Nous avons vu les hommes comblés de richesses et saturés de plaisir ne conserver, à la mort, de leur pourpre qu'un suaire, de leurs forêts que le bois d'un cercueil, et de leurs immenses possessions que la place d'un tombeau. Et nous, plantés le long des grandes routes, sur les chemins des Césars ou rangés en allées devant les académies, nous avons répété en secouant la tête : « Heureux les habitants

[1] Virgile, *Géorgiques*, liv. II, vers la fin.

« des champs, s'ils connaissaient leur bonheur! »

Nous avons vu les grandeurs s'éclipser, les méchants triompher et les justes souffrir. Nous avons vu Attila faucher les peuples comme l'herbe serrée des champs, puis mourir inconnu. Guillaume-le-Conquérant, après s'être emparé d'un royaume, ne pas obtenir assez de terre pour couvrir son cadavre; et le géant moderne, qui a soumis l'Europe, saisi par le bras de Dieu le lendemain de ses victoires, et jeté sur un rocher solitaire pour y dessécher et mourir. Enfin, nous avons vu Jeanne d'Arc au bûcher, la Pompadour au trône, Louis XV dans les délices, Louis XVI à l'échafaud; et las de ne trouver sur les hauteurs sociales que folie, déceptions et ruines, nous avons tristement détourné la tête, et nous avons dit : « Heureux les habitants des « champs, s'ils connaissaient leur bonheur! »

IV

Comment je quittai mon village et devins un personnage politique.

> Un jour la main de Dieu les élève sur les hauteurs du pouvoir, un autre jour elle les en précipite, et leur chute en est plus effroyable.

Le 24 février 1848, quelques agitateurs faisaient dans Paris un essai d'émeute contre le ministère, et trois jours après, nous, peupliers, nous regardions fuir sur le chemin de l'exil, roi, reine, princes, princesses, ministres tremblants, éperdus, cachant leurs noms, leur grandeur et leur honte sous des déguisements à la fois comiques et lamentables, qui excitaient je ne sais quel rire mêlé de larmes. J'ai ri, pardonnez-le-moi. Dieu lui-même ne les a-t-il pas sifflés du haut du ciel : « Je me moquerai de vous, je me rirai de vous, » leur a dit celui qui fait et défait les rois; et, patient dans son éternité, il attendit tranquillement le jour où ils croyaient avoir mis le comble à cet édifice d'orgueil pour les lancer d'un pied dédaigneux sur cette même route de l'exil et de l'ignominie où ils avaient jadis envoyé le juste. Je voyais, en effet, au milieu du tourbillon de février, le crayon divin dessinant à grands traits une frappante copie de la révolution de 1830[1], où les glorieux triomphateurs

[1] Ce que Louis-Philippe a fait lui est fait : chute pour chute, déchéance pour déchéance, exil pour exil, dynastie frappée pour dynastie frappée. Les trois jours de février 1848 pour les trois journées de juillet 1830. Il a chassé un vieux roi, vieux roi il est chassé; il a écarté du trône le petit-fils de Charles X, son petit-fils, en retour, est écarté du trône; il jette sur la voie douloureuse de la terre étrangère l'innocent, l'orphelin, le rejeton légitime; il verra son rejeton, innocent et orphelin, prendre cette même voie douloureuse de la terre étrangère.

A côté de ces étonnantes parités, la justice divine met des différences : Charles X se rend en exil regretté d'un

d'alors jouaient à leur tour, dans ce drame nouveau, le rôle d'imprévoyants, d'incapables, de rétrogrades, de vaincus, de réfugiés. Or, les petits de ce monde voient toujours avec satisfaction celui qui règne dans les cieux lacérer de sa foudroyante ironie les puissants qui abusent à leur profit et contre lui du pouvoir reçu de ses mains; et dans une catastrophe le simple peuple tressaille de joie, dès qu'il reconnaît que la main du Tout-Puissant n'a besoin pour saisir et envelopper les plus subtils politiques que de la toile et des lacets ourdis par leur habileté pour prendre les autres. Moi-même, qui ne suis ni subtil, ni politique, moi spectateur insouciant et désintéressé de votre révolution, de cette révolution qui ne soupçonne pas la veille ce qu'elle prépare le lendemain, qui improvise tout, les hommes et les institutions, qui étonne et confond toute sagesse par ses excentricités, moi-même pouvais-je prévoir une heure à l'avance que j'allais

grand nombre, accompagné d'amis dévoués, escorté par ses vainqueurs, respecté de tous. Louis-Philippe fuit comme un échappé; personne, ni amis, ni ennemis, ne s'occupe de lui; il traverse difficilement la France, il erre sous des déguisements divers, se glisse furtivement sur un vaisseau, et aborde l'Angleterre comme le plus mince compagnon.

O justice divine, dans ces grandes catastrophes vous brillez comme l'éclair, vous éclatez comme la foudre et vous illuminez les consciences d'une clarté qui épouvante et console!

devenir la plus haute, la plus célèbre, la plus niaise, la plus ridicule personnification de votre mouvement insurrectionnel, en un mot la plus grande victime de cette révolution?

Le défilé de ceux qui se précipitaient vers l'exil était à peine terminé, que j'entends le bruit de la marche des vainqueurs. Ils s'avançaient ivres d'un triomphe inespéré, remplissant les airs de leurs chants confus et patriotiques. Mais, ô surprise! ils s'arrêtent devant moi. Leur regard ravi admire mon élévation, et à l'instant leurs bras vigoureux dégagent mes racines, m'étreignent, m'ébranlent, m'arrachent, m'emportent, me dressent sur la place publique, au milieu d'ovations et de libations sans fin; et me voilà, moi peuplier, salué, harangué, versifié, tambouriné, embrassé, béni, divinisé dans 45,000 communes et 300,000 villages, chez le peuple le plus civilisé, les Anglais disent le plus drôle du monde.

V

Comment je fus bien vite ennuyé des honneurs et donnai ma démission.

> Être à sa place, n'en pas sortir, et s'y plaire: trois conditions sans lesquelles ni l'or ni les grandeurs ne nous rendent heureux.

Ces hommages éclatants, ce culte suprême me surprirent, mais ne m'éblouirent pas; et tandis que Crémieux, Marie, Garnier-Pagès et les autres, étourdis par quelques médiocres honneurs provisoires, se prenaient pour des immortels, et pensaient avoir ouvert en février l'ère des prospérités toujours croissantes, moi à travers les nuages d'encens, de poésie et de fleurs qui tourbillonnaient autour de ma tête, je voyais clairement que mon règne serait court, et court aussi serait l'enthousiasme des ouvriers, et l'enivrement du peuple et le rêve des révolutionnaires. Que faire donc? La nécessité rend ingénieux : tourmenté du besoin de revoir mon pays, je rédigeai bien vite une démission, dont la vérité et la douleur faisaient toute l'éloquence. Ce n'était pas lâcheté, c'était conscience ; je prévoyais les orages, et je n'étais pas assez fort pour les attendre. En me retirant du pouvoir j'usai, du reste, de générosité, et je remis mon mandat à l'arbre sacré qui seul peut dire : « Je plie et « ne romps pas[1]. » Dès lors confiant dans le bon sens des Français dont on m'avait beaucoup parlé, je pus me bercer de l'espérance de revoir au plus tôt les lieux que l'absence m'avait rendus plus chers, et j'envoyai à tous mes électeurs, et

[1] Cet arbre sacré, qui ne rompt pas, est la croix de J.-C., et ses fruits sont la vie, la civilisation, la rédemption, la liberté, la charité : tout peuple qui s'en nourrira, fût-il barbare, se civilisera et vivra; tout peuple qui les dédaignera, fût-il civilisé, redeviendra barbare et périra.

au gouvernement en particulier, cette démission ainsi conçue :

Français!

La main de Dieu m'avait placé au bord d'un étang. Là, mes racines buvaient à longs traits fraîcheur et vie, et quand les vents inclinaient ma tête élevée, j'admirais dans la glace des eaux la richesse de ma taille et la beauté de ma verdure, et j'étais heureux.

Un jour, je ne sais pourquoi, vous accourûtes bruyamment m'arracher à ma bien-aimée solitude, et me transportant sur vos triomphantes épaules, vous me plantâtes au milieu des places publiques comme le symbole et l'image de votre révolution. Mille acclamations saluèrent mon élévation subite et glorieuse; les bénédictions du ciel descendaient, les bénédictions de la terre montaient pour s'unir ensemble autour de ma tête, ceindre mon front d'une couronne de grâces, et me consacrer représentant de la liberté.

A mes pieds vous vous embrassiez comme des frères. Français, que vous étiez aimables ce jour-là! Que de discours! que d'hymnes! que de dithyrambes à la prospérité désormais assurée de la république! Vous me regardiez, et des larmes de bonheur remplissaient vos yeux attendris. Dans votre enthousiasme, vous me preniez à témoin de la vivacité, de la sincérité de votre patriotisme. Moi qui n'avais encore jamais été mêlé à la politique, je croyais à vos protestations, à vos larmes, à vos serments, et j'agréais avec complaisance les honneurs presque divins que vous me rendiez, parce que je voyais mes destinées et les destinées de la république désormais unies dans notre commun triomphe de février, se dérouler prospères, glorieuses, interminables sur notre beau pays de France.

Que dis-je, interminables!

A peine trois mois se sont écoulés, et vous passez et repassez près de moi indifférents, oublieux de vos premières tendresses : plus de salut d'honneur, plus de rondes joyeuses, plus de fanfares militaires. Je dessèche, je meurs d'ennui, et mon drapeau penché, décoloré, déchiré, partage mes tristesses et vos froideurs.

Il sera donc toujours vrai, peuple généreux et léger à la fois, que votre enthousiasme fatigué précipite le lendemain ceux que votre capricieux engouement avait placés la veille dans les hauteurs de la souveraineté, et que, le troisième jour, oubliant et admiration et colère, vous enveloppez vos idoles abattues du froid linceul de votre dédain pour n'avoir plus à y penser.

Que sont devenus Flocon, Albert, Louis Blanc, Ledru, qui naguère savouraient avec moi les honneurs de la place publique? Qu'est devenu Lamartine, ce poétique cèdre du Liban transplanté pour son malheur à l'Hôtel-de-Ville de Paris?...

Que suis-je devenu moi-même depuis qu'en dépit de la raison vous avez voulu que le peuplier fût l'emblème de votre république, et le lieutenant-général de votre liberté?

Hélas! avant ce choix fatal, je défiais la tempête, et drappé dans mon touffu feuillage, bien affermi sur mes énergiques racines, j'abandonnais aux vents les plis onduleux de ma robe de verdure sans craindre de perdre une seule feuille! Aujourd'hui sans force comme sans beauté, citadin malgré la nature et républicain malgré le bon sens, je languis et la vie m'abandonne. Voyez plutôt la nudité de mon grand corps amaigri surmonté de quelques branches arides où tremblent quelques feuilles jaunissantes et maladives.

Douloureuse situation qui attendrirait le cœur des Scythes et qui ne m'attire que les branlements de tête de la foule et les sarcasmes acérés des malins; car, aimables Français, vous êtes impitoyables envers les grandeurs humiliées.

Pour moi l'outrage a surpassé l'honneur, et mes adorateurs insultant ma misère, se vengent de leur première admiration. Chaque passant se fait un jeu de me lancer une injure. Les uns, dans ma langueur voient la fidèle image du crédit expirant; pour d'autres je suis le triste symbole des promesses aussi grandes que stériles faites aux ouvriers crédules : pour tous, la vivante figure de tant d'ambitieux montés subitement au pouvoir où ils étalent une resplendissante incapacité, comme j'étale ici les trop visibles infortunes d'un peuplier déplacé.

Rendez-moi donc le bord de mon étang et les eaux vitales où je baignais mes pieds ; rendez-moi ma place au bienfaisant soleil qui m'a vu naître; le vôtre me brûle ici. Que le sol de la politique dévore vite ses habitants! Déjà mes forces sont toutes épuisées, je n'ai plus qu'un souffle de vie, je veux au moins le rendre à mon berceau. D'ailleurs, qu'ai-je donc ici à représenter encore?... La liberté? —Mais vous ne la comprenez pas et vous ne l'avez pas.—L'égalité?—Mais vous n'y croyez pas.—La Fraternité?—Hélas! hier encore son sang coulait à flots dans les rues de Paris, et demain.....

Assez de déceptions! Français, ayons le plus élevé des courages. Moi, celui de n'être plus un mensonge ; vous, celui de n'être plus trompés. Eh bien! voulez-vous un représentant plus sincère et plus éloquent que moi? Voulez-vous un signe qui produise ce qu'il exprime? Voulez-vous un impérissable symbole de la véritable liberté, égalité, fraternité? Choisissez la croix du clocher de votre église.

Ce conseil est le dernier et le plus important service que vous rend un ami en vous disant adieu. Maintenant je demande à me retirer et je vous donne ma démission.

VI

Histoire nouvelle qui démontre une vieille vérité ; savoir, que les forts rencontrent tôt ou tard leur maître.

Pauvre souffrant ! Comment va ton cancer depuis que tes médecins t'ont conseillé, pour le guérir radicalement, de changer *ton régime,* tes garde-malades et la couleur de ton bonnet de nuit ?...

— Toujours de plus mal en plus mal !

Ma démission donnée, je ressentis un calme intérieur, signe et récompense d'un pénible devoir, courageusement accompli. Je sortais enfin des agitations de la vie politique ; et en la quittant spontanément, je laissais aux patriotes portés comme moi par le flot révolutionnaire à des emplois au-dessus de leurs forces, un exemple de modération, de désintéressement et de prudence.

Dès lors, sans attendre la réponse du ministre, je me crus déchargé de mes devoirs de représentant, et quoique retenu encore sur la place publique, j'essayai de reprendre les tranquilles habitudes de ma vie privée : j'employai donc mes loisirs à examiner attentivement ce qui se passait autour de moi, j'écoutais les discours, j'appréciais les actes des hommes influents, je recueillais mes souvenirs et prenais des notes, avec la pensée de livrer un jour aux méditations du peuple les remarques de mon bon sens et les conseils de mon expérience.

Étant encore simple et heureux peuplier de campagne, j'avais souvent entendu dire qu'il y avait en France un prince rusé et un roi qui ne l'était pas, et que le prince rusé renversa le roi qui ne l'était pas et se mit à sa place sur son trône; et que tous les rusés du royaume applaudirent à ce tour, parce qu'il avait été habilement joué.

A partir de là le nouveau roi et ses rusés changèrent tout en ce pays, principes et mœurs. Le droit fut conspué et le succès fut adoré. Alors la langue des avocats, la plume des journalistes, l'enseignement des lettres, le feuilleton des romanciers, la dissertation des philosophes, le pamphlet des politiques, les vers des poëtes proclamèrent sur tous les tons : « Heureux qui réussit ! heureux qui « s'enrichit ! heureux qui jouit ! » Et le roi et les grands et le peuple, oubliant le Dieu du ciel et de la terre, se prosternèrent devant trois idoles, le *succès*, l'*argent* et le *plaisir*. Jamais adoration ne fut plus profonde et plus sincère.

Pour mieux séduire, ce culte abominable de l'or et de la volupté prit le beau nom de *libéralisme*; mais libéralisme hypocrite, égoïste, cupide, irréligieux. Dès lors, la corruption s'attacha aux entrailles même de la classe bourgeoise et dominante, de cette classe qui possède et agiote, enregistre et perçoit, plaide et juge, enseigne et journalise, légifère, administre et gouverne. L'impiété, comme un cancer, dessécha dans son cœur les sentiments élevés, et y alluma une soif inextinguible de jouissances. On vit donc les possesseurs du pouvoir et de la fortune n'éprouver plus que deux besoins : le besoin d'augmenter toujours leurs revenus, et le besoin de multiplier toujours leurs plaisirs. Le signe le plus effrayant de cette démoralisation apparut : la commisération pour les malheureux, cette lampe placée par la main de Dieu au fond des cœurs, et qui y brille au milieu même des vices les plus hideux, s'éteignit chez ces hommes ; et quand la pauvreté voulait arracher à ces *libéraux* une pièce de monnaie, elle était obligée de les inviter à un bal et de prendre les atours, les grâces et les poses d'une danseuse pour solliciter leur bienfaisance : ils dansaient donc pour les victimes de Juillet et les orphelins du choléra, ils dansaient pour les incendiés de Hambourg et les inondés de Lyon, ils dansaient pour les artistes sans pain et les ouvriers sans travail ; et comme les événements heureux ou glorieux devenaient rares sous ce régime de la corruption, ils profitaient habilement des fléaux toujours communs, pour s'amuser et danser [1].

[1] Le plus doux mot de la langue humaine, le mot

Le peuple qui souffre leva les yeux sur cette classe de gens qui s'amusaient et qui dansaient, et il y reconnut ses maîtres, ses gouverneurs, ses fonctionnaires, ses hommes d'affaires, ses propriétaires; et les voyant sans mœurs, sans charité,

charité, que le Sauveur, se faisant pauvre et souffrant pour nous, avait appris à bégayer aux hommes pour adoucir leurs misères, ce mot divin est repoussé de notre langue et remplacé par le mot *bienfaisance*.

Le *libéralisme*, qui n'est qu'*égoïsme*, ne peut souffrir la *charité*, qui pleure avec ceux qui pleurent, se dépouille pour revêtir les autres, s'abstient pour donner et se fait quelquefois pauvre volontaire pour honorer la pauvreté; il l'a donc proscrite et remplacée par ses maximes fondamentales : « Tire ton bonheur de tout ce « qui t'entoure, » et : « Chacun pour soi. » Les plaintes, les cris des malheureux t'importunent : eh bien! change-les en ravissants concerts à leur profit; tes frères meurent de froid et de faim : eh bien! imagine de délicieuses soirées dansantes et chantantes, où tu savoureras les sorbets, les punchs et les madères à leur intention ; enfin, si les haillons du pauvre, sur lesquels le doigt de Dieu a écrit certaines vérités politiques, morales et religieuses pour ton instruction, s'offrent à tes regards, invoque le bras d'un gendarme pour écarter de tes yeux délicats ces haillons enseignants, ainsi que les leçons qu'ils t'apportent. Et ne crains pas qu'ils se présentent une seconde fois; car le libéralisme, qui a tout prévu, a bâti des prisons et des dépôts de mendicité où ces haillons renfermés ne verront plus jamais le soleil de la liberté, afin que tu n'aies plus jamais la pénible occasion d'apprendre ce qu'enseignent aux riches les haillons du pauvre. Voilà la bienfaisance du libéralisme!

sans religion, il ressentit en son âme trois mouvements qui, mieux que les bataillons et les boulets, renversent les empires :

Les dédains du mépris ;

Les bouillonnements de l'envie ;

La soif d'une corruption imitatrice.

Cependant l'immense tour où cette classe dominait et avait établi sa puissance, ses voluptés et son impiété, s'affermissait et grandissait toujours. Au haut veillait le plus fin politique, entouré des plus habiles conseillers ; et au bas veillaient aussi à sa garde quatre cent mille hommes, l'arme au bras. Ainsi le talent, la richesse et la force formaient autour de ce gouvernement un triple rempart inexpugnable.

Voilà, campagnards, mes amis, ce que j'avais entendu dire, et voici ce que j'ai vu moi-même :

Une heure sonne, c'était l'heure qui précède la justice du ciel outragé.

Sentinelle, que se passe-t-il ?

Sire, jamais votre autorité n'a été plus grande, votre gouvernement plus fort, votre bourgeoisie plus dévouée, votre dynastie plus aimée. Vivez heureux, Sire, et reposez en paix.

Deux heures sonnent : le doigt de Dieu touche légèrement cet édifice ; j'aperçois un peu de poussière, et le gouvernement des rusés et des forts n'est plus. Le fin politique qui veillait au haut se précipite de son trône dans une ignoble patache trop lente à fuir ; l'armée qui veillait au bas reste immobile et paralysée de stupeur ; et la bourgeoisie qui y régnait se trouve suspendue par un fil au-dessus de la fournaise consumante du socialisme, aspirant à dévorer ses propriétés, ses jouissances et jusqu'à ses ossements.

Voilà ce que j'ai vu ; et frappé de ces dénoûments inattendus, de ces péripéties providentielles, j'adorais la justice et la puissance de Dieu, et je suivais d'un regard attentif les nouveaux parvenus au gouvernement improvisé ; je voulais savoir si les ruines fumantes sous leurs pieds leur inspireraient comme à moi de hautes et saintes pensées sur les redoutables sévérités du ciel envers les puissants de ce monde ; et je les vis franchir lestement les degrés des palais où la foudre venait de frapper leurs prédécesseurs ; je les vis s'installer dans les resplendissants salons, s'attabler aux buffets garnis, savourer les réserves des caves diplomatiques ; je les vis à leur tour épris du vertige du pouvoir, ne rêver plus que banquets, soirées, bals et concerts [1], et saisir à la hâte l'instant rapide qui

[1] Après quinze mois écoulés, les échos de la Chambre législative retentissent encore des concerts et des dîners donnés à l'Hôtel-de-Ville par M. Marrast et ses joyeux compagnons ; mais ces échos, devenus accusateurs, ne répètent plus que ce mot : « Qui paiera ?... qui paiera ?... qui paiera ?... » — Ingrats ouvriers, ingrats cuisiniers, ingrats décorateurs, ingrats fournisseurs, n'êtes-vous

sépare un grand dîner qui finit d'une polka qui va commencer, pour décréter d'énormes contributions et jeter ainsi dans la bourse des pauvres contribuables les filets de l'État, afin d'en tirer le dernier écu et pourvoir largement à l'approvisionnement et au service de leurs tables. Ils voulaient, disaient-ils, montrer au peuple combien sa liberté reconquise leur procure de joie, et quelle part ils prennent aux révolutions qu'ils lui font faire.

Change donc, peuple inconstant, change dix fois, vingt fois, les formes de ton gouvernement et le personnel de tes gouvernants; voici du moins ce que tu ne changeras jamais : c'est l'ambition, l'avidité, l'immoralité des révolutionnaires qui te poussent aux changements; voici ce dont tu ne te débarrasseras jamais : ce sont les abus, les gaspillages, les excès et les gros budgets qui accompagnent et suivent les révolutions, et que tu paies toujours de ton argent et de tes souffrances.

trop payés par le grand honneur d'avoir été admis à adoucir un moment les soucis politiques des révolutionnaires, assez généreux pour se contenter de vos 45 centimes par franc!

VII

Comment il advint que le citoyen Penserouge et le citoyen Tirepart se dirent leurs vérités au pied d'un peuplier.

Il faut être ce que l'on veut paraître, et donner ce que l'on promet, autrement le peuple ne tarde pas à vous tourner le dos, et c'est déjà ce qui vous arrive.

Parmi les austères républicains de la veille qui avaient foudroyé la liste civile et les folles dépenses du régime déchu, le citoyen Marrast s'était fait un nom par la rigidité de ses principes, la véhémence de ses déclamations contre les prodigalités des riches et ses tendresses inépuisables pour le pain noir des travailleurs. Tant de vertus devaient naturellement, à l'aide du suffrage universel, amener avec le mandat de représentant ce sévère réformateur à l'Assemblée nationale. Il y fut envoyé, et bientôt il en devint le grave président. Il savait son histoire ancienne : « Un simple plat de fèves, di-« sait-il en lui-même, a suffi pour illustrer un ré-« publicain romain et faire parvenir jusqu'à nous « le nom de Curius Dentatus[1]. J'aurais bien le

[1] Curius Dentatus, modeste laboureur romain ; élu consul, il vainquit les Samnites, les Sabins et les Luca-

« malheur, si, empruntant aux cinq parties du « monde les mets les plus exquis pour mes dîners, « je laissais le nom de Marrast sans quelque éclat « aux yeux de la postérité. » Là-dessus le républicain français ouvre d'immenses salles décorées avec magnificence ; là sont dressées des tables où la richesse des services le dispute à la profusion des mets et des vins les plus recherchés ; là se pressent les commissaires du gouvernement, les représentants de la nation, les préfets des départements, tous les nouveaux et vertueux administrateurs des deniers du pauvre peuple ; et c'est pour servir quelque suavité nouvelle à ces bouches si éloquentes contre les excès des classes élevées, que tous les arts se fatiguent et suent sous la direction vraiment royale du républicain Marrast.

niens. Après ses victoires, il s'était retiré à la campagne ; c'est là que les ambassadeurs des Samnites vinrent lui offrir des vases d'or pour l'engager à prendre leurs intérêts. Curius était occupé à faire cuire dans un pot de terre les fèves de son frugal repas, quand les ambassadeurs entrèrent dans sa maison et déposèrent à ses pieds leurs riches présents. Le généreux romain les refusa en disant : *Je préfère ma vaisselle de terre à vos vases d'or ; je ne veux pas être riche ; content dans ma pauvreté de commander à ceux qui le sont.*

Voilà le républicain antique ; le républicain de la veille préfère, lui, la vaisselle d'or et les succulents dîners préparés par Chevet. Je les admire l'un et l'autre, mais surtout le républicain de la veille !

Un jour de juillet où le président Marrast avait donné un de ses bals les plus féeriques, deux hommes sortaient de son hôtel sur les trois heures du matin. Ils cheminaient côte à côte sans échanger une seule parole. Un mot piquant à l'occasion d'une masurka gauchement exécutée avait refroidi leur fraternité et préparé au fond de leur cœur une secrète disposition à se contredire. La lune reflétant une vive lumière, je remarquai qu'ils s'avançaient dans ma direction, et bientôt je pus reconnaître le célèbre Penserouge, appelé l'*incorruptible*. Il avait été envoyé par Ledru pour démocratiser le Midi, et là, au moyen de quelque adroite manœuvre électorale, quoique inconnu, il s'était fait nommer représentant. Je reconnus aussi l'ami Tirepart qui s'était si fort réjoui lors de mon exaltation sur la place publique : c'était un prodige en roueries; mais après les vins fins et les liqueurs spiritueuses il devenait naïf, franc, vrai dans ses paroles, sans cesser d'être habile, car alors sa franchise trompait encore, parce qu'on ne voulait pas y croire.

Ce dernier cherchait l'occasion de rompre un silence pénible à l'un et à l'autre, et dès qu'il m'aperçut, il étendit son bras vers moi en disant : L'idée la plus heureuse, la plus politique et la plus féconde de notre révolution, c'est d'avoir planté ce peuplier et tant d'autres.

Et moi, répond Penserouge, j'appelle ce grand

benêt d'arbre, le plus stérile mensonge d'une révolution, qui, au train que prennent les affaires, nous en fera de toutes les façons ; et déjà les paroles sacrées inscrites sur les drapeaux qui ornent sa tête, ne sont-elles pas tout à la fois et le jouet des vents et le jouet de la réaction? Et possédons-nous la liberté, l'égalité que promet ce peuplier!

TIREPART. Inguérissable utopiste, n'entendrez-vous jamais rien à notre merveilleux mouvement de février? Est-ce qu'en toutes choses, cher Penserouge, il n'y a pas, comme à la foire, la parade pour le public et la pièce du fond pour les amateurs? et confondrez-vous toujours la devanture avec l'arrière-boutique et la montre avec la marchandise? (Excusez dans un premier fonctionnaire de l'État un langage qui sent fort le petit commerçant; vous savez que j'étais encore épicier le 23 et le 24 février dernier.) Mais il suffit que vous me compreniez.

PENSEROUGE. Pour moi je me fais honneur de ne rien comprendre à vos parades, à vos arrière-boutiques et à toutes vos tromperies : la franchise est l'âme d'un gouvernement républicain. Il faut être ce que l'on veut paraître et donner ce que l'on promet, autrement le peuple ne tarde pas à vous tourner le dos, et c'est déjà ce qui vous arrive.

TIREPART. Calmez-vous, vertueux Penserouge, et avant de me jeter vos grands principes à la tête, daignez attendre que je m'explique ; et pour le faire plus commodément, asseyons-nous sur le gazon qui entoure l'arbre de la liberté ; la nuit est belle, la brise est douce, et nous sommes seuls ; car, quoique vous traitiez ce peuplier d'hypocrite, nous n'avons point à craindre son indiscrétion, puisqu'après tout c'est un témoin sourd, aveugle et muet.

PENSEROUGE. J'accepte votre invitation, mais j'y mets une condition : la franchise.

TIREPART. Oui, oui, la franchise, et je vous en montrerai au delà de vos souhaits.

Moi, les voyant s'asseoir à mes pieds, je ne pus retenir un sourire involontaire, arraché par le piquant de la situation : un subit frémissement agita mes branches ; mais aussitôt je contractai énergiquement les fibres de mes feuilles, qui demeurèrent dans une attentive immobilité pour tout saisir et tout retenir.

VIII

Les citoyens Tirepart et Penserouge continuent leur entretien. — Secrets bons à retenir. — Et recette pour faire une révolution.

> Voici mon dernier mot, disait aux siens le grand démolisseur Voltaire : Mentez, mes amis, mentez ; il en restera toujours quelque chose.
>
> Ce quelque chose qui reste, après que les bouches menteuses ont soufflé sur un pays, c'est la désorganisation, c'est la ruine.

TIREPART. Que voulons-nous? et que veut le peuple? Le peuple veut moins d'impôts, moins de gros traitements, moins de fonctionnaires et d'employés inutiles, moins de paperasses et de paperassiers qui lui coûtent fort cher ; il veut l'ordre, la paix, la dignité, car cela donne de l'ouvrage et du crédit ; il veut d'honnêtes et habiles gens pour gérer les affaires du pays selon les règles de l'économie, de la justice et de l'honneur, voilà ce que veut le vrai peuple français.

Et nous, que voulons-nous?...

PENSEROUGE. Nous voulons aussi tout cela, et c'est pour que le peuple jouisse promptement de ces avantages que notre énergique dévoûment descend si souvent en armes dans la rue et dresse tant de barricades.

Tirepart. Allons donc, est-ce que vous me prenez pour un niais? Voici en toute sincérité ce que nous voulons. Nous voulons les bonnes places, les gros traitements, les honneurs, et surtout le maniement des deniers publics, parce qu'il en reste toujours quelque chose aux doigts; en un mot, nous voulons être les maîtres dans l'Assemblée nationale, dans le gouvernement, dans l'administration, dans l'armée et jusque dans les écoles, parce que, d'après nos principes, il vaut mieux commander qu'obéir.

Penserouge. Vous calomniez les républicains, je proteste contre vos assertions, et pour mon compte je déclare n'avoir jamais voulu que la liberté, l'égalité, la fraternité et le bonheur du peuple.

Tirepart. J'en dis tout autant que vous quand je parle dans un club ou sur les places publiques, ou au cabaret, et quand je harangue mes bandes d'oies de campagnards, pour les faire voter en faveur de Considérant, de Madier ou de tout autre.

Penserouge. Qu'appelez-vous bandes d'oies? Cette qualification est un outrage à nos frères les vertueux habitants des campagnes. Ah! s'ils étaient ici, vous ne.....

Tirepart. S'ils étaient ici et que nous fussions à la veille des élections, je leur dirais : O vertueux habitants des campagnes, ô amis, ô frères que je porte dans mon cœur, et pour lesquels je voudrais avoir mille vies à donner ; à mes yeux vous êtes plus grands que tous les rois de la terre, et si les choses étaient à leur place, c'est vous qui devriez habiter les châteaux et les palais. Quoi qu'il en soit aujourd'hui, c'est de vous que dépend le bonheur de la nation. Voulez-vous sauver la patrie, voulez-vous ne plus payer d'impôts, voulez-vous jouir en vrais propriétaires des forêts de l'État et goûter une félicité encore inconnue aux mortels? Nommez Considérant, nommez Madier, nommez Boichot. Voilà ce que je leur dirais, si je leur parlais une veille d'élection ; et le lendemain leurs troupes dociles s'avançant en longues files vers le scrutin pour y déposer le bon bulletin que je leur aurais donné, me feraient l'effet de bandes d'oies élevées à la dignité d'électeurs. N'êtes-vous pas de mon avis?

PENSEROUGE. A mes yeux ce sont des citoyens anoblis par le suffrage universel, des frères chéris qui remplissent consciencieusement le plus sacré des devoirs.

TIREPART. Eh bien! va pour vos frères chéris, et revenons à ma thèse. Je disais donc que nous, républicains de la veille, nous voulons les bonnes places et les gros traitements; vous, vous le niez, et moi je le prouve.

(Ici personne ne nous entend, nous pouvons,

comme vous l'avez désiré, parler avec franchise.)

Quelle est, en général, la situation morale et financière des plus ardents républicains?

Il faut l'avouer, dans nos rangs accourent le plus ordinairement se placer les gens attaqués d'infirmités graves dans leurs affaires : des commerçants à bout d'expédients pour se donner un crédit perdu ; des propriétaires qui ont fait fondre l'héritage de leurs pères, comme un enfant gourmand fait fondre un casson de sucre ; des médecins las d'attendre les malades, et disposés à renoncer aux saignées de la lancette pour pratiquer, en habit de sous-préfet, une saignée au budget de l'État ; des avocats doués d'une éloquence inoccupée qui ne gagne rien et d'un estomac actif et laborieux qui dépense beaucoup ; des notaires. (Mais je remarque que les notaires, si vifs à pousser à la roue révolutionnaire avant février, se sont depuis fort ralentis ; est-ce qu'ils s'apercevraient que la république n'a pas doublé le prix de leurs études?)

Les classes inférieures nous offrent aussi un contingent plus respectable par le nombre que par les vertus : sont des nôtres les lurons et les tapageurs, les repris de justice et les forçats libérés, les pourvoyeurs de mauvais lieux, et tous ces vauriens énergiques, qui, au premier signal, remplissent les cadres de notre grande armée socialiste.

Or.....

Penserouge. Or, monsieur, vous êtes un impertinent ; vous insultez la portion la plus vertueuse du peuple français ; je ne puis souffrir....

Tirepart. Est-ce la franchise que vous ne pouvez souffrir? Vous la demandiez tout à l'heure, comme une condition première de notre entretien. Vous oubliez donc, cher Penserouge, qu'ici nous traitons dans l'intimité une question d'intérieur de famille? Allons, laissez-moi achever mon raisonnement, et réservez vos interruptions pour Montalembert, quand il enlèvera les applaudissements de l'Assemblée nationale par la puissance de la vérité et la force de son éloquence.

Je soutiens donc que dans la situation de nos affaires particulières, sous le poids de nos dettes, de nos banqueroutes, de nos contraintes par corps, avec notre goût pour le jeu et la bonne chère, avec notre aversion naturelle ou acquise pour le travail et l'économie, je soutiens que nous ne pouvons vouloir ni la tranquillité, ni l'ordre en France, parce que cet ordre et cette tranquillité ne nous laisseraient pas d'autre chance que celle d'aller inévitablement mourir à l'hôpital, ou en prison, ou sur un fumier. Il nous faut à nous des troubles, des perturbations, de bonnes révolutions qui bouleversent tout, afin que, pendant la tempête, nous puissions jeter à l'eau les chefs de l'équipage et nous emparer du gouvernement du vaisseau et des richesses qu'il porte.

Penserouge. A merveille! Selon vous nous serions des pirates, des écumeurs de mer, des voleurs, de véritables brigands.

Tirepart. Pouvez-vous confondre ce qu'un enfant, avant l'âge de raison, distinguerait aisément? On appelle voleur un citoyen qui prend une parcelle plus ou moins légère de la propriété d'un particulier; on qualifie du nom de brigand un citoyen qui attaque un individu isolé et l'assomme pour extraire de sa poche sa montre ou sa bourse : nous, nous faisons bien autre chose! Quand nous avons préparé et décidé un guet-à-pens dans les rues de Paris ou de Lyon, c'est la société tout entière que nous prenons à la gorge; c'est quinze cents, deux mille, trois mille concitoyens que nous tuons; et si le coup réussit, nous empoignons toutes les places, depuis les ministères et les ambassades jusqu'aux conciergeries de prison; nous nous emparons des honneurs, des palais et du budget que nous partageons entre frères.

Penserouge. Encore mieux! et dans votre odieux rapprochement entre les révolutionnaires et les voleurs, tout l'avantage est à l'honneur de ces derniers. Allons, c'est trop fort!

Tirepart. Dites plutôt que c'est trop vrai. Mais je veux me réconcilier avec vous en appelant votre attention sur un autre côté de la comparaison qui vous blesse.

D'après nos statistiques nous sommes à peu près

six cent mille hommes en France, tant dans les villes que dans les campagnes, qui nous trouvons, par des causes diverses, réduits à tenter quelque coup de main pour rétablir nos affaires ruinées. Ce nombre vous paraît imposant, mais je vous le demande, que peuvent six cent mille hommes contre dix millions qui vivent honnêtement et paisiblement de leurs biens, de leur industrie, de leur travail? Irons-nous (et c'est ici que nous différons essentiellement des voleurs de grand chemin), irons-nous attaquer brusquement ces dix millions d'hommes et leur demander la bourse ou la vie? mais nous serions écrasés à l'instant; ou bien, prenant une forme plus humble, leur dirons-nous : Ayez compassion de six cent mille de vos frères qui se trouvent dans une position gênée et vous supplient de vouloir bien vous imposer quarante-cinq centimes par franc pour les soulager? mais ces dix millions d'hommes nous répondraient plus énergiquement que poliment : Tas de mangeassons, tas de libertins, tas de fainéants, crevez de faim, et nous serons bien débarrassés! Que faire donc pour arriver à nos chers quarante-cinq centimes? C'est ici où le génie révolutionnaire s'est élevé à la plus sublime conception en imaginant le moyen que voici : On établit des journaux portant un nom qui sonne doux à l'oreille du peuple, comme la *Réforme*, le *Populaire*, la *Voix du peuple*, la *Démocratie pacifique*, etc., etc.

Dans ces feuilles on gémit tous les matins sur le sort des travailleurs, on plaint le peuple d'être mal gouverné, privé de ses libertés, écrasé d'impôts : le sel de sa pauvre soupe est imposé, le vin de ses cabarets est imposé, l'air qu'il respire est imposé. « O peuple! si tu connaissais ta force, tu pourrais « facilement en finir avec tous ces abus. Quand « prendras-tu confiance dans les vrais défenseurs « de tes droits et de tes intérêts, dans les Ledru, « les Raspail, les Blanqui, les Considérant, les « Proudhon, les Louis Blanc, les Barbès, prêts à se « mettre à ta tête pour te gouverner avec écono- « mie et grandeur? O peuple! lève-toi et brise tes « fers. » On dit et on répète ces choses pendant un an, deux ans, six ans s'il le faut; les almanachs s'en vont les répéter dans les bourgs, dans les villages et jusque dans les chaumières isolées; les chansons de Béranger, assaisonnées d'impiétés, fumier nécessaire pour hâter le développement de toutes doctrines vénéneuses, les répètent en chœur sur les places publiques, dans les marchés et dans les estaminets : peu à peu les esprits s'échauffent; on souffle encore, et ils s'enflamment; les chefs font appel aux vauriens des grandes villes, qui se rendent à petites journées à Paris, où ils sont embrassés, choyés, abreuvés, payés, enrégimentés; et la prise d'armes est arrêtée pour les 27, 28 et 29 juillet, ou pour les 23, 24 et 25 février, ou pour le 15 mai, ou pour les jours de juin, ou pour quelques grandes semaines de 1830. Tout le monde sait le reste. On réussit ou on ne réussit pas. Si, comme en juin, on succombe, alors les pauvres diables d'ouvriers que nous avions embauchés et mis en avant sont battus, estropiés, condamnés, transportés sur les pontons de Brest ou de Belle-Isle. Cependant, nous, bien cachés derrière la toile, nous restons invisibles, insaisissables; et tôt après nous reprenons les mailles rompues de nos filets à conspirations. Si, comme en février, le coup est heureux, alors c'est le temps des banquets patriotiques, des fêtes nationales, des plantations d'arbres de la liberté; le peuple boit, le peuple danse, le peuple chante, et pendant ses joyeux ébats autour des peupliers, nous glissons habilement nos deux mains dans ses poches et nous y prenons sans façon nos quarante-cinq centimes, et le tour est joué. Peu de temps après les banquets cessent, les danses s'arrêtent, les peupliers sont délaissés; mais enfin le tour est joué; et vous voyez que j'avais raison de vous dire au commencement de cet entretien que la plantation des arbres de la liberté était l'idée la plus heureuse, la plus politique et la plus féconde de notre révolution.

Maintenant, cher Penserouge, niez cela si vous le pouvez; au reste, je serai heureux d'apprendre de vous que je ne connais pas bien mes amis, mes frères les révolutionnaires, et pour m'éclairer sur ce point, je vous cède la parole, en vous remerciant de me l'avoir laissée si longtemps.

PENSEROUGE indigné et se levant brusquement : De ce pas je vais vous dénoncer au président de ma section, et ce soir vous entendrez au club des clubs la sentence qui rejettera loin de nos rangs un indigne républicain.

Ce coup de foudre termina l'entretien; et les deux interlocuteurs s'éloignèrent dans des directions différentes.

Les arbres comme les hommes ont besoin de repos ; l'attention prêtée à une aussi longue conversation m'avait fatigué ; mais l'espérance de vous être utile, chers campagnards mes amis, m'a soutenu contre le besoin de dormir, si impérieux à cette heure de la nuit, et après avoir tout entendu, j'ai pris mes notes et je vous les livre pour que vous preniez les vôtres sur les hommes qui exploitent à leur profit vos besoins, vos souffrances, votre crédulité et votre inexpérience.

IX

Comment les peupliers, avec leur petit bon sens, se sont tirés d'affaires ; et comment les Français, avec leur grand esprit, se sont mis dedans.

> Des extravagances dites par des gens d'esprit, des sottises faites par des gens habiles...., voilà les révolutions.....
>
> Peut-on cueillir des raisins sur les épines et des figues sur les ronces? — Oui, oui, et de magnifiques! s'écrient les socialistes. — Non, a dit le créateur des raisins et des épines, des figues et des ronces.

Les aveux pleins de vérité du citoyen Tirepart furent longtemps le sujet de mes méditations solitaires. Je me demandais comment un petit nombre d'hommes, n'ayant au front ni la splendeur du génie, ni la douce lumière de la vertu, ne possédant pas dans toutes leurs prétendues doctrines philosophiques, politiques et sociales, assez d'idées saines pour organiser une école de village; je me demandais comment les révolutionnaires socialistes avaient pu arrêter un instant devant leurs tréteaux le peuple français si spirituel et si frondeur, et comment la nation la plus éclairée s'était laissé prendre aux promesses irréalisables, aux utopies impossibles, aux remèdes mortifères qui n'enlèvent le mal que parce qu'ils ôtent la vie. Et mes réflexions me conduisirent à un résultat que j'ose à peine vous faire connaître. Je trouvai, chers Français, que les mots nouveaux et encore incompris ont une puissance magique sur votre sémillante intelligence, et que le premier venu, Pierre Leroux ou Louis Blanc ou tout autre, qui du haut d'une borne vous parle d'égalité, de réforme, de progrès, d'organisation du travail, de droit au travail, remue vos âmes et exalte vos têtes; et aussitôt, dans votre enthousiasme, vous le saluez par de solennelles acclamations, révélateur des temps modernes, et rénovateur de la société vieillie. « Parlez, lui criez-vous, parlez, ô « grand homme! la France attend de vos lèvres la « vie, la richesse et la grandeur. » Il parle donc : pour mieux l'entendre le mouvement des machines s'arrête, le bruit des usines se tait, les grands fourneaux s'éteignent, les tribus ouvrières sortent des ateliers; et après l'avoir entendu elles ne veulent reprendre ni la lime, ni le marteau, ni la scie, ni la cognée, ni le pic, ni le rabot; le révélateur les appelle à d'autres destinées, et voilà qu'ils se promènent dans les rues de la cité en vociférant l'épouvante et l'émeute; sur leur passage les boutiques se ferment, l'industrie s'effraye, le crédit s'évanouit, les capitaux s'enfouissent, en quelques mois la propriété perd un milliard de sa valeur, et la France commerciale et industrielle quinze cent millions : alors vous apercevez, mais un peu tard, intelligents Français, que progrès signifie abaissement, que réforme signifie ruine, qu'organisation du travail signifie désorganisation du travail et des travailleurs, et que droit au travail signifie droit à ne rien faire.

Peuple étonnant, dont la flamboyante imagination multiplie les jouissances par ses charmantes illusions, et les douleurs par ses cruels mécomptes, et pour qui cinq mots d'un sens obscur, exploités plutôt qu'expliqués par des sophistes, enfantent plus de calamités que ne lui en apporteraient cinq cent mille cosaques se jetant sur le pays, la lance d'une main et la flamme de l'autre.

Excusez mon agreste franchise et permettez-moi d'opposer à la légèreté, à l'étourderie, à l'imprévoyance qui vous livrent aux décevantes utopies des fous et des intrigants le récit d'un fait instructif, emprunté à l'histoire moderne des peupliers.

En 1789, époque, comme vous l'appelez, de transformation sociale, un savant naturaliste français avait, disait-il dans un mémoire poétiquement écrit, trouvé le moyen d'enlever aux peupliers leur humiliante stérilité. A l'aide d'une opération qui ne compromettait ni notre taille élevée, ni notre beauté pyramidale, il s'engageait à couronner nos têtes de fruits magnifiques et succulents ; et ce moyen était fort simple : on retranchait la moitié de nos racines (car le savant naturaliste prouvait que nous en avions de trop, et que le Créateur, sur ce point, n'avait rien entendu à la constitution ni au besoin de notre espèce). Ensuite on appliquait aux plaies faites par ce retranchement je ne sais quelle composition chimique délayée dans de l'eau de fleurs d'oranger; puis au printemps, quand les chatons du peuplier se développent, il fallait répandre dessus du pollen ou poussière fécondante empruntée aux orangers ; et, en vertu des infaillibles lois de l'*absorption*, de la *capillarité*, de l'*assimilarité* et d'autres mots sonores que nous ne comprenions pas, nous devions produire des oranges grosses comme des citrouilles et d'un goût à ravir les humains et à faire crever d'envie les orangers stationnaires qui semblent, à travers les révolutions successives du globe, n'avoir rien appris et rien oublié, et rapportent encore aujourd'hui, à la face de notre civilisation qui a tout changé, des fruits encroûtés comme dans les siècles d'ignorance, divisés en compartiments comme au moyen âge, ridés comme au temps d'Abraham et juteux comme après le déluge.

La proposition du savant naturaliste plut beaucoup aux jeunes peupliers : l'espérance de se voir chargés de pommes d'or, d'être célébrés dans les comices agricoles, recommandés par le ministre de l'agriculture, et peut-être décorés, flattait la vanité de ces têtes légères. On remarqua aussi que les peupliers mal plantés, mal venus, languissants, étiolés, rachitiques, contrefaits, s'agitaient vivement en faveur de la transformation.

Mais disons-le à l'éternel honneur des peupliers : le corps entier de la nation opposa au prestige de la science, aux séductions des riches promesses, à l'entraînement des étourdis et des vauriens, l'impénétrable bouclier de son bon sens ; et d'une voix unanime nous avons répondu : « Dieu nous a fait « peupliers, peupliers nous resterons. » C'est ainsi, je le répète, que soutenus par l'inspiration d'un bon sens, qui va droit au fond des choses et saisit d'un même regard ce qu'un mot exprime et ce qu'il cache, nous avons échappé à la gloire fort douteuse de devenir des orangers, ou plutôt à la honte éternelle d'avoir, par une sotte crédulité, consenti à la ruine certaine et complète de notre espèce.

Vous, Français, aventureux amis du progrès, vous haussez l'épaule, n'est-ce pas, sur notre stupidité, en pensant qu'au prix léger de la moitié de nos racines nous pouvions courir la chance inouie d'être une des merveilles du monde. Puis vous supputez en votre tête les richesses enfantées par notre transformation. Que de millions afflueraient dans les campagnes ! que de millions reviendraient à l'État ! que de bras seraient occupés ! que de terres stériles donneraient un produit ! quel mouvement commercial, que d'industries surgiraient pour la nouvelle exploitation ! Le Nord jouirait enfin du fruit suave et doré que depuis soixante siècles il envie au Midi, et le berger de la Sibérie, mollement étendu sur une couche de neige au pied d'un peuplier transformé, n'aurait pas même à se baisser pour ramasser des oranges tombées spontanément du faîte de l'arbre.

Après ce solide calcul de votre tête et cette touchante peinture de votre imagination, vous bondissez de colère en criant : « Stupides peupliers, « gente routinière et bornée, ne comprenant ni la « perfectibilité, ni le bien-être progressif, voilà « pourtant, ignorantins et caffards, les trésors et « la félicité que votre brute obstination à rester « peupliers, fait perdre aux individus, à l'État, à « la France, à l'Europe, à l'univers entier! »

A ces reproches, nous ignorantins et caffards, nous répondons dans la douce sérénité de notre bon sens : Délicieux Français, vous ferez donc, à l'exemple de votre Lamartine, de la poésie et des romans jusque dans les quatre opérations de l'arithmétique, par lesquelles vous constatez votre *doit* et votre *avoir* : sans doute, c'est un bel art que celui de grouper les chiffres, et de mettre en caisse même les brouillards de la mer; mais c'est un art qui trompe surtout ceux qui le possèdent, en les transportant dans le pays des chimères. Souffrez qu'un peuplier, votre ami, signale aujourd'hui à votre attention la cause de vos plus dangereuses illusions.

Celui qui, dans les magnificences de sa libéralité, n'a laissé aucune de ses créatures sans leur faire un don particulier, avait taillé et réservé pour ses anges le plus riche diamant sorti de ses mains; mais quand le type français apparut à sa pensée créatrice, il lui trouva tant de grâces qu'il voulut y mettre le comble en incrustant au milieu de son front le diamant destiné à ses anges, et ce diamant fut nommé l'*esprit français*.

Or, cette pierre précieuse aux mille facettes étincelantes, illumine, colore, embellit tout ce qui l'approche; parfois, et surtout en révolution, elle a des jets de lumière fascinante qui vous éblouit, légers Français; et alors vous voyez ce qui n'est pas, et vous ne voyez pas ce qui est : les plus simples notions du droit, du juste, du beau vous échappent; alors vous subissez comme une éclipse centrale de raison, et vous apparaissez comme des astres égarés, vous élançant avec une effrayante rapidité dans les ténébreuses régions des fausses doctrines où règne le désordre et l'anarchie. C'est précisément ce qui vous est arrivé au début de la révolution de février. Dans le tintamarre de votre succès vous perdîtes le sens, le goût, le tact français : alors vous ne saisissiez plus la convenance ou la disconvenance d'une idée avec son expression; vos actes et vos paroles ne présentaient que de choquantes incohérences; et l'Europe rit encore de vous avoir vu planter le triste, le stérile, le hautain peuplier pour exprimer la félicité, la fécondité, l'égalité républicaines.

Pour moi, tout peuplier que je suis, j'eus honte d'une extravagance (excusez l'impolitesse de la vérité) qui vous rendait la risée des étrangers; et par une courte harangue je cherchai à vous arrêter dans ces niaises plantations, dont le souvenir restera pour démontrer, étourdis Français, qu'en devenant révolutionnaires vous cessez d'être spirituels.

Souffrez que je remette sous vos yeux cette pièce justificative de mon assertion. Elle est du mois de mars 1848.

X

Comment il est prouvé par le fait de la plantation solennelle des peupliers, que la révolution a affaibli l'esprit d'un grand nombre de Français.

> Comprenons la liberté, et ne la défigurons pas.

Un arbre planté sur la place publique, le lendemain d'une révolution sociale, par la volonté d'un peuple intelligent, doit être *une idée,* et la nature, la forme, les produits de cet arbre doivent être des symboles.

Or, Français, regardez ce peuplier.

Raide et guindé dans sa pose, froid et prétentieux dans son élévation, dominant de sa tête redressée et vaniteuse tous les arbres de la contrée;

Et vous en faites le symbole de l'*égalité* chez un peuple de frères!

Arbre égoïste, absorbant lui seul tout le suc d'un vaste terrain, il étend, il étend toujours ses racines insatiables, et, pour entretenir sa superbe inutilité, il condamne à une vie languissante et à une mort prématurée les jolis arbustes et les plantes utiles placés dans son voisinage;

Et vous en faites le symbole de la *fraternité* chez un peuple d'égaux!

Arbre trois et quatre fois stérile, épuisant le sol qui le nourrit et ne lui rendant rien; pas d'ombrage, pas de fleurs, pas de parfums, pas de fruits;

Et vous en faites le symbole de cette *liberté* féconde qui ne coûte rien et vivifie tout!

Si j'avais à représenter l'égoïsme, l'arrogance, la prétention, l'incapacité, je planterais un peuplier, et je dirais : Voyez!

Son bois même ne saurait devenir, sous la main de l'ouvrier, ni une charpente solide, ni un meuble gracieux, ni un instrument de labourage; à peine peut-on en tirer quelques planches lugubres pour un cercueil;

Et c'est cela que vous dressez dans les carrefours de nos cités pour être, aux yeux d'une nation spirituelle, l'emblème de sa vie, de sa prospérité, de sa régénération, de son bonheur!

Évidemment ici l'idée manque et le contre-sens abonde.

Français !

Est-ce que la *liberté* n'est pas un arbre à fruits?

Est-ce que l'*égalité* n'est pas un arbre de moyenne grandeur?

Est-ce que la *fraternité* ne doit pas nous entrelacer de ses guirlandes de fleurs?

Est-ce que nos idées libérales et pures ne doivent pas, comme un parfum répandu, embaumer les nations lointaines et les attirer à nous?

Est-ce que la République n'offrira pas son ombrage à tous les droits pour les abriter, et les fruits rafraîchissants de ses institutions à toutes les âmes qui ont faim et soif de la justice?

Et c'est avec un peuplier, le plus stérile et le plus insignifiant des arbres, que vous exprimez ces belles et saintes espérances de la France et du monde !

Au reste, savez-vous ce que c'est qu'un arbre de la liberté?

C'est un autre drapeau de la patrie, pris non parmi les tissus de Lyon ou de Paris, mais dans le jardin des délices planté de la main de Dieu ; un drapeau représentant aussi la pensée et l'amour de la France ; un drapeau que les vents ne déchirent pas, que l'eau et le soleil ne décolorent pas, qui boit la rosée du matin et se sent plus fort, qui rajeunit sa verdure dans les pluies du soir, que Dieu bénit à chaque printemps en jetant du haut du ciel une couronne de fleurs sur sa tête, et qui, aux jours de l'automne, incline vers la terre ses branches chargées de fruits.

Voilà l'arbre, l'image de la liberté.

Français, vous comprenez à présent ce que la révolution a enlevé de justesse à votre esprit, de délicatesse à votre goût, d'élévation à votre génie, puisque ayant à choisir entre les ouvrages de Dieu l'arbre qui devait désormais être le symbole vivant de votre immortelle *liberté*, vous n'avez découvert rien de mieux qu'un peuplier !

Et ce choix a paru si ridicule aux yeux de la simple nature, que le peuplier lui-même, victime privilégiée de votre jugement égaré, n'a pu s'empêcher de protester contre par cette légère critique, et de rire de vous dans son trop rare feuillage !

XI

Comment les mots **LIBERTÉ, ÉGALITÉ, FRATERNITÉ**, furent en grande vogue, et comment, dans ma simplicité de peuplier, je les pris pour une énigme.

Dans la langue révolutionnaire on ne sait pas ce que signifient les mots; mais on sait bien ce qu'ils produisent. La *liberté* a multiplié les prisons et les transportés; l'*égalité* a multiplié les décorations et les hauts fonctionnaires; la *fraternité* a multiplié les divisions et les partis.

La langue des peupliers est simple comme leurs mœurs, invariable comme leurs sentiments, lucide comme leur bon sens. Ils parlent peu (et sans l'accident de février qui m'a mêlé à vos affaires et rendu presque Français, vous n'eussiez pas eu à lire une seule ligne de moi). Ils parlent peu, mais ils savent ce qu'ils disent : les mots ont chez eux une valeur positive, un sens déterminé, une clarté qui illumine l'esprit quand le son frappe l'oreille : aussi nos entretiens de famille sont délicieux, parce que c'est le cœur qui s'y épanche ; nos engagements sont sûrs, parce que c'est la bonne foi qui les prend et la droiture qui les exécute ; et nos lois sont précises, parce qu'elles expriment en des termes justes les vrais rapports qui unissent entre eux les membres de notre grande famille.

Accoutumé à cette clarté, à cette justesse de langage, j'eus beaucoup de peine, dans les premiers temps de mon élévation, à comprendre les discours que m'adressaient les révolutionnaires; évidemment ces gens-là ne parlaient pas comme parlent les vrais Français; mais ce qui a le plus tourmenté ma pensée, ce sont trois mots pleins de mystères qui m'apparaissaient partout : sur les drapeaux perchés dans mes branches, sur les murailles des hôtels-de-ville et des mairies, aux frontons des palais de justice, à la triste façade des prisons, dans les salles de danse des préfectures et sur les guérites des corps-de-garde; je les lisais en tête des proclamations, des lois, des décrets, des ordonnances et de toutes les circulaires des gouvernants grands et petits; je les retrouvais affichés au coin des rues, à la première ligne des annonces des ventes mobilières par contrainte, sur les réclames des apothicaires touchant leurs remèdes infaillibles, et au haut des prospectus des pommades qui font pousser les cheveux aux centenaires; je les apercevais peints en lettres majuscules aux enseignes des cabarets patriotiques et des ménageries d'ours et de singes qui se montrent aux foires de la République, et inscrits en lettres bâtardes sur les chapeaux des Pierrots et des Paillasses qui dressent leur tente à mes pieds pour jouer la comédie. Enfin, je les voyais briller sur les verres de la lanterne des faiseurs de tours de gobelets qui escamotent, avec l'aide des compères socialistes, l'argent des badauds, c'est-à-dire des contribuables.

« Pourquoi, disais-je en moi-même, partout ces « trois mots mystérieux: *liberté, égalité, fraternité?* « Serait-ce une énigme que le gouvernement pro« poserait à la sagacité des Français, avec une ré« compense nationale pour l'heureux interprète « qui en découvrira le sens? et les ferait-il ainsi « afficher en tous lieux, afin que tout citoyen de « bonne volonté, ayant le programme sous les « yeux, puisse concourir à leur explication? Or, « voilà quatre mois qu'on ne discontinue pas de « reproduire sous toutes formes ces termes énig« matiques: c'est sans doute que personne n'a pu « encore leur donner un sens raisonnable, et que « le concours est toujours ouvert..... Si je con« courais?... Ma foi l'idée est neuve, et les Fran« çais, qui aiment le bizarre, riront bien de voir « un peuplier à peu près illettré se mettre sur les « rangs des bacheliers, des licenciés, des docteurs, « des gradués de l'Université, pour élucider la re« doutable énigme, le *mané thécel pharès* des Bal« thazars de la République...; et si, nouveau Da« niel, j'allais mériter le collier de la Légion« d'Honneur! quelle fortune et quelle gloire!... »

Là-dessus, je me livrai sans réserve à mes élucubrations, et, tandis que mes confrères les peupliers des campagnes dormaient d'un sommeil paisible et réparateur, moi, entouré de codes, de chartes, de constitutions et de dictionnaires, je sondais les textes, je pénétrais les définitions, j'analysais les termes, j'interrogeais les traditions, je compulsais les commentateurs; et tout ce labeur épaississait encore les ténèbres de l'énigme. Fatigué, découragé, je laissai là l'explication de *liberté* et *fraternité*, et je ne travaillai plus que sur *égalité*, qui m'avait souri à cause de son air sensé, naturel, raisonnable et populaire. J'étais donc à méditer fortement mon sujet, lorsque je vis passer près de moi un gros citoyen aux paisibles allures, portant sur son nez des lunettes et sous son bras un in-folio ; je le pris pour un académicien : Citoyen, lui dis-je, en m'inclinant profondément, vous me paraissez un homme adonné aux sciences et très-capable de me rendre un service. — Quel service, mon brave peuplier ? —Je désire, citoyen, m'instruire solidement ; j'ai peu de facilité, et je rencontre des mots qui passent ma portée; par exemple, je ne puis découvrir ce que signifie *égalité*, et cependant ce n'est pas d'aujourd'hui que je tourne et retourne ce mot. — Il y a donc longtemps, mon brave peuplier, que vous en cherchez le sens? — J'ai honte de vous le dire : il y aura dix-huit mois à la Saint-Jean prochaine, et je ne suis pas plus avancé qu'au premier jour. — Eh bien ! consolez-vous, mon brave ; car, depuis soixante ans le peuple français s'en sert à toutes sauces, et il ne le comprend pas encore !

Je fus consolé par cette réponse comme est consolé un aveugle quand on lui apprend que ses frères en cécité n'y voient pas mieux que lui. J'envoyai donc, à l'instant même, l'énigme se faire deviner ailleurs, et je cessai mes scientifiques recherches. Mais, comme tout nouvel auteur, je ne puis me résigner à laisser inconnu le fruit de mes veilles, et j'expose ici à votre indulgence ma dissertation sur *égalité*, telle que je l'ai composée en dix-huit mois.

XII

Comment les Français, déclarés égaux sur une feuille de papier, n'en sont pas moins inégaux en réalité; puis brève explication du mot ÉGALITÉ.

> Égalité est un mot *couteau-poignard* : il paraît inoffensif comme un couteau de table, et il est dangereux comme l'arme des assassins.

Tous les Français sont égaux devant..... les imbéciles qui ne distinguent rien ; et inégaux devant Dieu, qui a distribué à chacun d'eux, dans une mesure différente, ses dons divers, et n'a pas fait, depuis que le monde est sorti de ses mains, deux corps d'hommes parfaitement ressemblants, ni deux âmes parfaitement égales en intelligence, en vertus, etc..... Les Français sont inégaux devant la raison qui admire chez eux une variété infinie de goûts, d'aptitudes, de talents, de passions, de travers, concourant tous, sous une direction divine, à une harmonieuse unité qu'elle appelle l'ORDRE... Les Français sont inégaux devant la famille qui ne subsiste que par l'inégalité naturelle de ses membres, père, mère, enfants; inégalité d'âge, de sexe, de force, de besoins, d'autorité... Les Français sont inégaux devant la loi, qui, apercevant entre eux des différences natives, acquises, sociales, en tient compte, les coordonne, les consacre, en les élevant à la dignité de droits et de devoirs : droits qu'elle donne à celui-ci et refuse à celui-là; devoirs qu'elle prescrit à l'un et dont elle dispense l'autre. En France deux citoyens portent les armes; la loi dit au premier : Je te fais général; ton droit est de commander; et au second : Je te fais soldat; ton devoir est d'obéir. De deux voisins, la loi autorise l'un à manger du pain, s'il en gagne; et l'autre à jouir de quarante mille livres de rente, qu'il n'a pas gagnés. Un homme meurt, la loi confère aux uns le droit d'entrer dans ses biens, et aux autres le droit fort inégal de les regarder prendre possession; une dispute, un procès surgit, la loi dresse un tribunal, et place dessus un Français avec la dignité de juge, et elle traîne au pied de ce tribunal un autre Français, qu'elle réduit à la condition humiliante d'accusé, de jugé, de condamné. En France, la loi avec son glaive découpe en parts inégales le sol de la patrie, les droits civils, les droits politiques; elle découpe surtout le grand pouvoir de commander et d'administrer en mille fonctions et fonctionnettes, depuis le ministère jusqu'à la garde-champêtrie; puis du haut d'un balcon, appelé tantôt *royauté*, et tantôt *présidence*, la loi jette au hasard ces morceaux de toute taille, ces découpures de toutes dimensions aux enfants de cette même patrie, et attrape qui peut! Voilà comme les Français sont égaux devant la loi!

Enfin, ce qui est aussi vrai et beaucoup plus drôle, les Français sont inégaux devant les prôneurs de l'égalité, devant les plus sincères républicains, qui ont déjà rétabli le droit d'aînesse dans leur famille démocratique, et mis une inégalité si grande entre les républicains de la veille et ceux du lendemain, que ces aînés de trois jours seulement sont seuls déclarés aptes à posséder les premières places du gouvernement. Et cher campagnard, mon ami, si tu crois encore à l'éternelle complainte de la *liberté*, de l'*égalité* et de la *fraternité*, jouée devant ta porte sur l'orgue de barbarie par les troubadours du libéralisme et les parvenus de la République, si tu y crois encore, cher campagnard, alors prends tes sabots des dimanches, va droit chez le citoyen préfet, et tiens lui à peu près ce langage : « Frère, nous sommes « égaux ; l'inscription que j'ai lue (car à présent, « moi, je sais lire!!!) à l'entrée de ton palais, le « dit en toutes lettres ; or, je ne plaisante pas, et « je pense bien que tu ne plaisantes pas non plus. « Prenant donc l'un et l'autre au sérieux notre « égalité et notre fraternité, partageons en frères « et à part égale ton hôtel, ton traitement et ta « table ; moi, en retour, je te cède mes sabots des « dimanches, mon pain de blé noir et ma chau- « mière où il pleut. » Le citoyen préfet te regardera avec de grands yeux, sonnera pour appeler la garde, puis, prenant une feuille de papier, où tu liras (puisque tu sais lire!) en lettres moulées : *liberté, égalité, fraternité*; il y écrira l'ordre de te conduire en prison, toi, Français, libre, son frère et son égal.

De sorte que les mots sacramentels de la révolution, prononcés à temps et heure par le citoyen préfet, lui ont valu, à lui, un palais ; et prononcés par toi dans ce même palais, à contre-temps sans doute, et à heure indue, te vaudront la prison. Arrange cela dans ta tête, et crie Vive la *fraternité*, la *liberté*, l'*égalité*.

ÉGALITÉ !

Sachez donc, ô Français mes amis, que quand ce mot dort, la société repose en paix ; et que quand il se réveille, il l'agite comme la tempête agite nos branches, comme une trombe souterraine secoue le sol où se cramponnent nos racines. Ce mot sonne faux aux oreilles justes, et ses notes stridentes et lugubres effrayent les gens de bien, comme les cris du vautour effrayent la fauvette posée sur son nid.

Ce mot fait partie de l'argot révolutionnaire.

Il signifie AMORCE, pour capter la faveur du peuple, surprendre ses votes et devenir son maître et son mince tyran, sous le nom de représentant, de commandant, de maire, etc.

Il signifie PASSE-PARTOUT, instrument en forme de clef dont se servent les voleurs politiques pour ouvrir les coffres-forts de l'État et les vider.

Il signifie LIT DE PROCUSTE, sur lequel ce brigand de la Grèce étendait les passants qu'il avait arrêtés. Si ces infortunés se trouvaient plus longs que ce lit, Procuste l'égalitaire leur faisait retrancher les pieds et les jambes.

Il signifie CROC, espèce de harpon avec lequel les gens descendus et couchés volontairement dans la boue, saisissent ceux qui se tiennent droits pour les renverser dans la même fange et les abaisser à leur niveau.

Il signifie anathème ou imprécation sauvage lancée par ce qui est bas, abject, dégradé, contre tout ce qui est noble, grand, honorable, contre toute supériorité intellectuelle, morale, pécuniaire, etc.

Mais pris dans le sens le plus naturel, et tel que l'entendent les socialistes, qui ne possèdent rien, il signifie *expropriation universelle.*

Enfin, il signifie COUPERET triangulaire, que les révolutionnaires, quand ils sont échauffés à la besogne, appliquent d'abord sur le cou de ceux qui ne pensent pas comme eux, et bientôt après sur le cou de ceux qui pensent comme eux, parce que, comme dit l'histoire de 93, les révolutionnaires, passionnés pour l'égalité, ne peuvent ni souffrir les autres, ni se souffrir entre eux.

Voilà, bien-aimés lecteurs, mon petit commentaire sur la grande parole *Égalité* : je l'aurais voulu moins imparfait, mais la science des mots n'a jamais eu d'attraits pour moi ; je me hâte donc de remonter dans la région élevée des contemplations philosophiques et religieuses, où je vous invite à me suivre.

XIII

Comment, en réfléchissant, j'ai découvert, tout peuplier que je suis, qu'il y a en France deux sortes de guerre : la guerre par les CANONS, et la guerre par les FAUSSES IDÉES. La première est un jeu pour les Français ; mais la dernière est sérieuse, car elle ne laisse pas pierre sur pierre dans l'édifice social.

> Celui qui regarde ce qui se passe avec ses yeux de chair, n'y voit goutte ; c'est avec les yeux de l'esprit qu'on aperçoit quelque chose dans les événements de ce monde ; mais pour bien voir et pour tout voir, il faut les considérer avec les lumières de la foi : alors le spectacle est beau, car le spectateur comprend l'*ordre* dans ce qu'il voit, et adore l'invisible Ordonnateur.

Je sens que mes racines engagées entre les pavés de vos places publiques n'aspirent plus la vie ; mon heure n'est point éloignée, et je veux, chers campagnards mes amis, consacrer mes derniers instants à vous découvrir les causes cachées, les ressorts invisibles qui remuent tout ce que vous voyez chanceler et tomber. Initié, par la haute position que la révolution m'a faite, aux desseins des politiques, aux secrets des conspirateurs, aux arrière-pensées de ces grands acteurs qui, depuis vingt ans, jouent aux yeux du public ou derrière la toile tantôt le drame et tantôt la comédie, je puis manifester à vos yeux la source profonde et réelle d'où sont sortis les malheurs de la France et les troubles de l'Europe. Écoutez-moi bien.

D'abord examinons ensemble la situation présente de votre pays; puis nous remonterons aux causes mystérieuses des calamités qui l'enveloppent de toutes parts.

Vous et moi, chers campagnards, nous assistons à un spectacle capable de donner à penser aux rochers eux-mêmes : nous voyons des milliers d'hommes décidés à briser l'ordre social : ils l'attaquent avec une ardeur que les revers n'affaiblissent pas; après un échec, c'est du fond de leurs prisons, c'est des contrées lointaines de leur exil qu'ils activent la destruction. Ils ne se reposeront, disent-ils, que quand les débris du vieil édifice, fondus à la fournaise du socialisme et jetés dans un moule nouveau, auront produit une société toute nouvelle et toute merveilleuse qui étonnera le soleil.

En attendant, nous voyons crouler sous la hache et le marteau de ces démolisseurs, les plus fortes murailles de la citadelle; et dans leur chute soudaine elles ébranlent le sol jusque sous nos pieds. Autour de nous s'entassent les grandes ruines de votre patrie : ruines de dynasties, ruines de chartes et de constitutions, ruines de gouvernements, ruines d'institutions, ruines du pouvoir, ruines des mœurs, et à côté, ruines du commerce, ruines du travail, et bientôt peut-être ruines de la propriété.

A la vue de tant de ruines, votre raison se trouble en elle-même, et ne sait plus que penser de la solidité des œuvres de Dieu. Vous levez vos regards en haut et vous trouvez le soleil toujours sur le chemin où l'ont vu vos pères, et la grande armée des étoiles toujours rangée dans le même ordre; et vous dites : « La main toute-puissante de Dieu « est là-haut, et elle y maintient son ouvrage; mais « ici-bas il n'y a que le bras de l'homme, et ce « bras de l'homme n'a d'énergie que pour abattre « et détruire. » Alors votre foi religieuse chancelle comme une colonne qui a perdu son point d'appui.

Allons, mes amis, le moment est venu d'élever nos pensées, et de contempler à travers la poussière des destructions l'admirable travail de la providence qui ne renverse que pour réédifier; et bientôt vous reconnaîtrez que la main de Dieu, qui fixe l'ordre immuable des corps célestes, dirige aussi, avec force et douceur, les grands corps appelés sociétés humaines; et que son bras dominateur, quand les nations font fausse route, les ramène par l'épreuve et l'expiation aux lois éternelles hors desquelles il n'y a point de salut pour elles.

Sachez donc, mes amis, qu'il y a en ce monde

deux sortes de guerre : la guerre de peuple à peuple qui se fait avec du salpêtre, de l'airain et une mèche allumée ; et la guerre de doctrine à doctrine qui se fait avec la langue, la plume et un peu de liqueur noire. Dans vos solitudes, courbés sur vos instruments de travail, vous ne connaissez que la première, parce qu'elle enlève violemment vos fils à votre amour, leurs bras à vos champs, leur force à votre vieillesse ; l'autre guerre se fait sans votre concours ; ses armées n'ébranlent pas la terre sous leurs pas cadencés et ses projectiles ne remplissent pas les airs du fracas de leur explosion : ce sont des idées rangées en bataille sur une légère feuille de papier, qui passent et repassent près de vos oreilles sans éclat et sans bruit : audacieuses, terribles, invincibles, elles s'élancent à l'attaque des intelligences, elles ravagent les esprits, captivent les âmes, incendient les têtes, bouleversent les principes, et ruinent les bases mêmes de la société.

Or, vous le savez, Napoléon (le grand) était maître passé dans la guerre au salpêtre ; pour n'être point distrait en dressant ses plans de campagnes et en établissant ses batteries de canons, il eut soin (et il fit bien) de mettre pendant tout son règne les *idées* aux arrêts, et il plaça à la porte de leur prison un grenadier de la vieille avec la consigne de faire feu sur la première idée qui bougerait. Donc de son temps les barbouilleurs de papier (gens qui font tant de bruit et tant de mal aujourd'hui) n'étaient pas à leur aise. Après avoir taillé leur plume, ils regardaient le donjon de Vincennes, avaient peur, et s'abstenaient d'écrire leurs rêves : alors point de liberté de la presse, et par conséquent point de guerre de doctrines, point de *Considérant*, point de *Pierre Leroux*, point de *Louis Blanc*, point de *Proudhon*; le monde intellectuel et moral était dans une paix profonde; les bras seuls bataillaient. Vint la Restauration, le feu des bivouacs s'éteignit, les foudres de soufre et d'airain s'endormirent dans les arsenaux; mais alors commença la guerre des idées : le canif devint plus dangereux que l'épée, le grattoir plus redoutable que la lance. Oui, mes amis, ne l'oubliez jamais : une seule idée fausse jette plus de trouble dans une nation que ne pourrait le faire un million d'hommes armés de fer. La meute des écrivailleurs de cette époque se divisa en trois bandes, opérant sur des points divers et poussant la France vers le même abîme : les journalistes harcelèrent le gouvernement, les romanciers empoisonnèrent les mœurs publiques; la troisième bande, composée de grimauds sans talents, incapables de tirer une pensée de leur fonds stérile, reproduisit sous tous les formats les livres irréligieux et corrupteurs du dix-huitième siècle, et les répandit à profusion jusque dans vos campagnes pour vous pervertir. Le champ ainsi ensemencé ne tarda pas à donner la moisson, et cette moisson, riche d'incrédulité, de matérialisme, de cupidité, de désorganisation sociale, fut la *glorieuse révolution de* 1830, le glorieux triomphe du *libéralisme* dont je vous ai déjà dit un mot, et que vous allez considérer de plus près dans ses doctrines, dans ses moyens d'action et dans ses grands hommes.

Pendant que je vous citerai les principaux faits de son règne, vous, chers campagnards, vous feuilleterez dans les souvenirs de votre mémoire, pour vous assurer si je dis la vérité.

XIV

Comment le LIBÉRALISME, vainqueur de la légitimité, fut très-embarrassé vis-à-vis de l'Eglise catholique. — Son nouveau plan de guerre contre elle. — Et ses ingénieux moyens pour la détruire.

> Depuis mon berceau, que de fois les persécuteurs se sont élevés contre moi! Que de fois leurs mains puissantes ont dirigé le glaive contre ma poitrine! et pourtant je vis toujours!

Vous devez vous rappeler, vieux et chers campagnards, qu'après les trois journées de 1830 les vainqueurs ne s'arrêtèrent pas au coup de main politique qui venait de changer une vieille dynastie pour une jeune; mais que de suite ils se mirent à abattre les croix du Sauveur, à hurler contre son Église, à vexer ses ministres, à interdire son culte public, c'est-à-dire qu'ils firent ce qu'ont toujours fait les révolutionnaires de tous les siècles, dès qu'ils se croient les maîtres.

Vous n'avez pas non plus oublié que ces violences sacriléges cessèrent tout à coup après quelques semaines. Les chefs les plus avisés du *libéralisme* avaient reconnu que la persécution déclarée et flagrante troublerait les jouissances de leur victoire, et finirait par les déshonorer, ils donnèrent donc aux abatteurs de croix le signal de suspendre leur travail. Les niais du parti et les grossiers esprits-forts, comme vous en comptez quatre ou cinq dans chacun de vos bourgs, ignorant le motif de la décision prise en haut lieu, ne comprenaient pas comment on s'arrêtait en si beau chemin, et ils continuèrent encore une ou deux années dans les petites localités leurs stupides tracasseries contre la religion. Mais il n'en est pas moins certain que dans l'inondation de 1830 les grandes eaux de l'impiété débordée rentrèrent subitement dans leur lit et reprirent à l'instant leur niveau ordinaire.

Quelle fut la cause de ce brusque mouvement de retour?

Est-ce qu'un rayon de la foi, est-ce qu'un trait de la grâce tombé sur leur cœur, avait converti ces ennemis de la croix? Non, non, les révolutionnaires de 1830 restaient fidèles à leur haine irréligieuse, à leur matérialisme pratique, à toutes les doctrines prétendues libérales dont le symbole abrégé est parfaitement exprimé par les deux verbes *acquérir* et *jouir*. Or, acquérir et jouir est précisément la complète négation de *se dévouer* et *souffrir* (austère abrégé du symbole chrétien). Ces vainqueurs se trouvaient donc encore sur le pied de guerre face à face avec l'église de Jésus-Christ; mais ils avaient sous les yeux l'exemple de leurs aïeux les violents persécuteurs de 93 qui ne firent pas belle fin; et ils crurent prudent de renoncer aux attaques brutales, préférant des semblants de paix et des coups de poignard dans l'ombre, des respects extérieurs et des mines souterraines pratiquées dans ses fondements pour en finir par l'astuce et la ruse avec cette Église catholique : et de fait, les révolutionnaires, depuis dix-huit cents ans, doivent être bien las de la rencontrer toujours debout devant eux, leur dénonçant les justices de Dieu et soutenant sur son inébranlable base la société qu'ils veulent renverser.

Alors, chers campagnards mes amis, commença contre votre religion la plus merveilleuse entreprise, le plan de guerre le mieux conçu et le plus habilement exécuté : haine et protection, outrages et honneurs, querelles et alliances, plaintes et compliments, embrassements et serrements de gorge; tous ces moyens divers, appliqués séparément ou combinés ensemble selon les besoins et les temps avec une ardeur pleine de prudence, une activité pleine de modération et une énergie pleine de ménagement.

Nous voilà arrivés à ces ressorts cachés que je promis de vous faire connaître pour votre éternelle instruction.

Les assemblées et les conseils se multipliaient chez les chefs du libéralisme, devenus les chefs de l'État depuis le 29 juillet. Ils se réunissaient fréquemment pour s'entendre sur la direction à donner à leur gouvernement : tous étaient d'accord sur le point capital de la politique : l'établissement et la consolidation de la nouvelle dynastie ; mais ils se divisaient sur la question religieuse ; et quand ils se demandaient : « Quelle position prendrons-nous « vis-à-vis de l'Eglise catholique ? » Les sentiments les plus opposés étaient émis : les uns, et c'était le petit nombre, auraient voulu qu'on continuât par le fer et la guillotine, l'œuvre de destruction de 93 ; d'autres écartaient la violence ouverte, et faisaient remarquer que les sans-culottes, saccageurs d'églises, n'avaient point réussi, puisque le Christ était encore, sur la seule terre de France, loué, béni, adoré, dans soixante mille sanctuaires, et aimé comme personne ne l'est par vingt millions de cœurs français ; et, ajoutaient-ils, si vous recommencez les persécutions, il y en aura vingt-cinq millions, car les âmes droites qui l'oublient aujourd'hui et les petits enfants qui ont le cœur pur voudront alors mourir pour lui.

Laissons donc de côté la force brutale et prenons des voies détournées et plus sûres. Ne pourrions-nous pas, par exemple, environner d'une faveur marquée tous les ennemis de l'Église de quelque côté qu'ils viennent et placer en honneur les juifs, les déistes, les éclectiques, les doctrinaires, les saint-simoniens, les francs-maçons, les luthériens, les calvinistes, en un mot tous ceux qui ont écrit en tête de leur profession de foi religieuse : « *Haine* « *à l'Église catholique*; » par là nous formerions un nombreux corps d'armée ardent à l'attaque, sans nous mettre en avant.

L'idée est bonne, reprenaient d'autres conseillers, mais elle est insuffisante : car depuis longtemps ces sectes protestantes et rationalistes se ruent contre le catholicisme, et elles sont aujourd'hui convaincues d'impuissance. Emprunter ces vieilles machines de guerre, c'est lancer en plein dégel des boules de neige contre les tours de Notre-Dame pour les renverser. Nous porterions des coups plus sensibles en suscitant quelque chose qui ne serait même pas chrétien et que nous appellerions *église catholique française* [1] pour tromper

[1] En 1830, les révolutionnaires crurent le moment arrivé de détruire l'église de Jésus-Christ, et de la remplacer par un culte commode qui devait attirer à lui d'abord tous les Français, et bientôt après tout l'univers. M. Chatel

les oreilles : les ministres de ce culte seraient des apostats, et nous lui trouverions ses fidèles parmi les plus déterminés de nos faubouriens. Par cette création nous aurions du moins une institution nouvelle, sinon grandiose, à opposer à l'Église catholique romaine, et destinée, dans nos pensées, à la remplacer un jour. Et, quand ce jour luira sur la France, l'Europe, qui branle aujourd'hui la tête en nous regardant, sera forcée de reconnaître que nous aussi nous avions la puissance d'établir sur le sol français un culte nouveau et plein d'avenir, et de le constituer l'héritier du catholicisme qui se meurt ou plutôt qui est mort.

Alors un personnage, célèbre par son astuce politique, prit la parole : « Depuis longtemps, mes-

se mit à l'œuvre, loua dans la rue du Faubourg Saint-Martin, n° 59, une grande maison de roulage, et mit au-dessus de la porte un drapeau tricolore avec ces mots : *Église catholique française ;* c'était unir habilement l'Évangile dépouillé de ses dogmes avec la révolution triomphante.

Patronné par des journaux, des députés et des banquiers, le culte nouveau fit un instant beaucoup de bruit, et renversa si bien l'Église de J.-C., qu'aujourd'hui il n'est plus question de l'*église française*, et que la grande maison de roulage, rue du Faubourg Saint-Martin, n° 59, est à louer, et M. Chatel, libre de tous les travaux qu'impose la fondation d'un grand culte, peut en ce moment occuper un bureau de tabac ou une place de facteur rural.

sieurs, vous répétez que l'Église catholique est morte, ou qu'elle se meurt, ou qu'elle va mourir. Le croyez-vous?... et si vous croyez que l'Église est morte, pourquoi cherchez-vous encore, en ce moment, de nouveaux moyens pour la tuer? Pourquoi paraissez-vous si embarrassés de son action, de son influence, de son inépuisable vitalité? Ne l'oubliez pas : si le peuple français a des oreilles pour entendre, tous les matins, votre éternelle affirmation que le catholicisme est mort, il a aussi des yeux pour l'apercevoir toujours debout, toujours baptisant, toujours enseignant dans chacune de nos cinquante mille communes, et ce peuple finira par se moquer de vous et de vos assertions.

« Observez, en outre, que la création d'une prétendue *église catholique française,* telle que l'a proposée le préopinant, destinée à lutter contre la vraie Eglise catholique qui remplit le monde, est une tentative qui nous couvrira d'un ridicule indélébile aux yeux des peuples : car, voyez-vous, je ne donne pas au culte nouveau, vanté par vos avocats, payé par vos gros banquiers, je ne lui donne pas dix ans d'une chétive et déshonorante existence. Et cette échoppe pourrie, que vous aurez dressée à côté de l'immense édifice de l'Église catholique, pour montrer au monde votre force et votre habileté, ne lui montrera, hélas! que votre sotte impuissance.

« Permettez-moi de vous dire, messieurs, qu'il

y a longtemps que je rôde autour de cet édifice catholique, pour découvrir par quel côté il faut l'attaquer. Eh bien! je déclare qu'il résistera à tous les moyens que vous proposez; une seule espérance nous reste d'en triompher, c'est de le miner *administrativement*... Voulez-vous que je vous expose mes plans?

« Oui, oui; parlez, s'écrie l'assemblée.

« Ne pourrions-nous pas, messieurs, pour servir efficacement notre haine contre la *seule* Église catholique, ne pourrions-nous pas, *nous gouvernement*, l'envelopper et la confondre habilement avec tous les cultes dissidents établis ou réformés par des hommes, et faire disparaître les traits de grandeur, de majesté, de sainteté, de divinité qui distinguent aux yeux des peuples cette *unique* épouse du Christ, en donnant aux hérésies, à ces filles de basse-cour et de moyenne vertu, le même rang, les mêmes droits, les mêmes respects extérieurs qu'à cette reine du ciel. Ainsi, faisons dans notre charte, dans notre code, dans nos colléges, dans nos comités, dans notre budget, une place égale, une part égale à la révolte de Luther, au schisme de Calvin, à la synagogue qui blasphème le Christ, et à l'Église catholique qui l'adore. Par cette égalité de droits, le peuple verra que ses maîtres, ses guides, ses gouvernants ne mettent aucune différence entre le *pour* et le *contre*, le *oui* et le *non*, le *vrai* et le *faux*; et cette confusion brouillera ses principes religieux et affaiblira ses croyances positives.

« Faisons mieux encore, et marchons plus directement à la destruction de la foi du peuple par la puissance de l'exemple : c'est la plus sûre. Qu'il soit arrêté comme règle d'administration que les fonctionnaires, à tous les degrés, depuis les commis jusqu'aux préfets, vivront à peu près sans religion, sans culte, sous les yeux des populations (il y aura bien quelques exceptions qu'on ne pourra empêcher) ; mais généralement, nous fonctionnaires, nous n'irons à l'église que deux ou trois fois par an, pour célébrer par un *Te Deum*, au lendemain d'une guerre civile et fratricide, la bienvenue d'une révolution subite, ou la naissance imprévue d'une *constitution*, délicate créature qu'on craint de voir mourir avant d'avoir atteint l'âge de raison.

« Mais hors de ces cas exceptionnels, le peuple ne nous verra jamais entrer dans les temples que ses mains ont élevés à la gloire de Dieu, ni prier à genoux à ses côtés, ni mêler notre voix à la sienne pour chanter de concert avec lui l'hymne de la foi, le *credo* de tous les siècles chrétiens, ni unir notre cœur à son cœur pour réciter ensemble la divine oraison de la fraternité humaine, le *notre Père qui êtes dans les cieux* ; mais, pendant qu'il ira entendre l'Évangile, nous, nous irons au café, ou au spectacle, ou à nos bureaux. Or, héros de Juillet, représentez-vous l'incalculable influence qu'exercera sur le pauvre peuple, qui ne porte qu'une blouse de toile, l'exemple de l'indifférence, de l'oubli de Dieu, donné par des messieurs qu'il croira très-savants et très-compétents sur la religion, parce qu'ils portent un paletot de drap de Louviers, parce qu'ils enregistrent ses vins, parce qu'ils libellent ses assignations, parce qu'ils dressent ses inventaires, parce qu'ils composent ses bordereaux et contrôlent la porte et la fenêtre de sa cabane.

« Et quand à ces leçons d'incrédulité professées sous les yeux du peuple par les employés et les fonctionnaires, viendra se joindre l'exemple du gouvernement lui-même forçant les pionniers de ses travaux publics à continuer leur besogne d'esclave le dimanche, dont la religion a fait un jour de liberté, de repos, de dignité pour le travailleur ; et quand à l'exemple du gouvernement se joindra l'exemple des grands industriels retenant, le dimanche, leurs ouvriers accroupis devant leurs fourneaux et enchaînés à leurs machines *à produire;* puis l'exemple des châtelains, des bourgeois, des oisifs, s'élançant bruyamment, le fusil en bandoulière et les chiens en laisse, au rendez-vous de chasse, le dimanche à l'heure même où le peuple s'avance recueilli vers la maison de prière, il faudra bien que ces exemples, venant de tous côtés, partant de tout ce qui est élevé et de tout ce qui a autorité, détruisent à la longue, jusque dans ses dernières racines, la religion parmi le peuple, et amènent peu à peu ces pauvres gens à rougir de leur foi, de leur culte, de leurs fêtes, de leurs églises, de leur Sauveur. Alors une voix forte, partie du fond de la salle, interrompit l'orateur par ces brusques paroles : Craignez de leur apprendre à rougir aussi de leur probité, de leur vie laborieuse, si utiles à nos intérêts. Oui, craignez que votre procédé, si propre à en faire des incrédules révoltés contre Dieu, n'en fasse un jour des forcenés révoltés contre nous, méconnaissant notre autorité, renversant notre gouvernement et grinçant des dents contre nos droits de propriétaires. »

Ces propositions diverses, ces sentiments opposés ne laissaient aux membres délibérants aucun espoir de s'entendre, et l'assemblée allait se séparer sans avoir rien arrêté contre l'Église, quand une forme humaine, que personne n'avait aperçue, se glissa comme une ombre noire au milieu de la salle. C'était l'antique artisan de la révolte primitive, le prince des conspirateurs, le chef des chefs dans la lutte éternelle du mensonge contre la vérité, du vice contre la vertu, de l'insurrection contre l'autorité.

XV

Merveilleux développement du plan de guerre. — Et travaux exécutés avec précision par d'habiles tacticiens pour établir une chose qui n'a pas tenu, et en détruire une autre qui tient toujours.

In vanum laboraverunt!
Ils ont donc travaillé en vain!

Cet invisible génie du mal avait revêtu, en cette circonstance décisive, une forme sensible pour se montrer aux siens, soutenir leur ardeur, diriger leurs conseils et distribuer à chacun ses ordres suprêmes; à sa vue un horrible frisson de stupeur et de crainte agita l'assemblée, et des impressions surhumaines dominèrent tous les cœurs. Lui, prenant la parole en maître, s'exprima ainsi :

« Glorieux héros de Juillet, vous avez été puissants contre la monarchie; mais que vous me paraissez faibles contre l'Église! Votre haine est sans inspiration, et vous ne proposez contre elle que des moyens usés. Eh bien! sachez que depuis vingt siècles le glaive, le raisonnement, la science, la moquerie et dernièrement la guillotine, l'ont frappée tour à tour sans pouvoir la détruire. Laissons là ces armes sans valeur, et désormais n'engageons plus contre le catholicisme de bataille rangée, car c'est toujours lui qui reste vainqueur.

« Mais traçons autour de son camp une ligne de circonvallation allant toujours en se rétrécissant; enserrons-le dans les réseaux inévitables d'une savante stratégie ; enveloppons le géant dans les plis et replis de nos lois, de nos décrets, de nos ordonnances, pour lui ôter sa puissance et sa liberté d'action sur la société; enlevons-lui surtout le gouvernement des âmes, et ne souffrons pas même qu'il intervienne dans l'éducation de la jeunesse; enfin, que tous nos efforts, habilement combinés, prudemment dirigés, se réunissent pour rendre esclave celui qui a affranchi le monde de ma servitude.

« Vous, Barrot, dirigez l'aile gauche, et posez pour base de vos opérations *que la loi doit être athée.* Les légistes et les avocats vos confrères développeront ce thème, et avant dix ans les notions éternelles du *juste* et de l'*injuste* seront tellement bouleversées en France qu'on y proposera chaque matin, sans étonner personne, le vol, la confiscation de toutes les propriétés et l'égorgement en masse de ceux qui ne voudraient pas y souscrire; et un jour, par pure ironie, je vous ferai ministre de la justice dans ce pays; gardez-vous alors de renier cette doctrine d'athéisme, car vous tomberez à l'instant même de votre trône ministériel, et ce sera le commencement de votre long châtiment.

«Vous, Guizot, je vous nomme général en chef, et vous commanderez l'aile droite. Masquez habilement votre marche jusqu'à ce que vous ayez, par une bonne loi sur l'enseignement primaire, monté et ajusté contre l'ordre social, moral et religieux, sur tous les points de la France la plus effroyable, la plus destructive machine de guerre, vos quarante-cinq mille instituteurs indifférents, déistes, incrédules, socialistes, tous bien préparés pour le combat dans les écoles normales, et dirigés dans l'action par vos inspecteurs et sous-inspecteurs. Je vous recommande expressément de laisser parmi eux quelques chrétiens honnêtes placés de distance en distance pour mieux voiler cette prodigieuse conception[1].

[1] M. Guizot, par la loi de 1833, sur l'instruction primaire, a constitué, en regard de toutes les autorités, une autorité indépendante, inamovible, chargé d'enseigner le peuple d'une façon souveraine, c'est-à-dire de lui apprendre à se passer de la religion et de suppléer à l'enseignement des devoirs sacrés de la vie par un certain calcul de *bien-être :* voilà en deux mots la loi de M. Guizot.

Muni de son brevet, l'instituteur arrive dans une bourgade; il est inamovible, le maire ne l'est pas; le voilà donc d'emblée le premier du pays; le peuple et les enfants du peuple sont sa chose. Quant à sa besogne, nul n'en a souci, si ce n'est un inspecteur du département, venant une fois par an visiter son école, s'enquérir s'il n'est pas trop scandaleux, et compter par tête ses écoliers, à jour fixe.

Nous le répétons, si on avait voulu, en 1833, faire un

« Un jour, vous, votre maître et sa dynastie, vous serez peut-être atteints par les projectiles de cette machine dressée par vos bras ; mais alors vous vous sauverez tout mutilé en Angleterre, et de cet hôpital général des blessés politiques, vous pourrez contempler à loisir les résultats de votre savoir-faire et vous consoler en relisant vos sublimes harangues qui ravissaient les conservateurs et affermissaient le trône de juillet.

« Vous, Thiers, brillant général de division, vous parlerez toujours de liberté (le peuple aime ce mot), et vous bâtirez, autour de ce peuple qui aime la liberté, des redoutes, des forts détachés, des murailles d'enceinte ; bâtissez-en pour un milliard, et ruinez le trésor public ; ruinez aussi la raison bourgeoise en la saturant de préjugés irréligieux, réhabilitez dans *vos histoires* les doctrines des encyclopédistes et les énormités de notre ancienne révolution, glorifiez aussi les forcenés de 93 ; ruinez encore par votre éloquence le bon sens des chambres législatives et obtenez d'elles la proscription de 60 ou 80 pauvres religieux, menaçant, selon vous, l'indépendance de 36 millions de Fran-

acte de destruction radicale contre la société, on n'avait rien de mieux à faire que cette loi ; et nous défions une nation quelconque d'échapper à la barbarie, si deux générations seulement sont élevées par un tel système d'éducation.

çais[1]. Mais, cher Thiers, observez bien ceci, car il faut tout prévoir, si, à force de célébrer les doctrines et les gens de 93, de nouveaux montagnards

[1] M. Thiers, avocat et journaliste, plume et langue, est la personnification élevée du *libéralisme*. Depuis vingt ans il s'est servi de son talent incontesté, comme un maçon vigoureux se sert de son pic, pour détruire dans l'édifice social le ciment divin qui l'affermit, la religion. Sous la Restauration il écrivait l'histoire de la *révolution*, sans se douter qu'il la ressuscitait. Il sculptait donc avec un amour d'artiste la grande figure *politique* de Robespierre, et la grande figure *religieuse* de Voltaire, pour offrir aux libéraux de l'époque l'idéal du vrai patriote et du vrai chrétien. Ces deux idoles posées sur leurs piédestaux, M. Thiers s'agenouilla devant elles, et fit signe à la bourgeoisie de s'agenouiller comme lui, afin de narguer les autels du Christ, et c'est dans cette niaise adoration que la révolution *ressuscitée* les surprit le 24 février 1848.

Liberté! c'est le cri des lèvres de M. Thiers; despotisme est le besoin de son cœur. C'est par lui que Louis-Philippe, pour mettre sa dynastie à l'abri de l'inconstance révolutionnaire des Parisiens, fit embastiller la capitale en 1841.

Tolérance est aussi le cri de ses lèvres; mais persécution va très-bien à son âme : c'est lui qui, le 2 mai 1845, demanda et obtint la dispersion d'une centaine de religieux jésuites.

M. Thiers a glorifié le vol et la confiscation des biens du clergé; mais, depuis que le *socialisme* veut appliquer ce principe glorifié de la confiscation aux petits propriétaires comme M. Thiers, M. Thiers a trouvé fort vilaine, en 1848, la confiscation qu'il trouvait si juste en 93 (voyez son livre *de la Propriété*, paru le 28 octobre 1848).

allaient menacer les emplois, les châteaux et les têtes de messieurs les libéraux; si, en excitant le peuple à crier *à bas les jésuites*, il allait crier *à bas les riches, à bas les bourgeois*; si, en jetant contre le sanctuaire des charbons ardents pour y mettre le feu, la flamme s'étendait jusqu'aux maisons de campagne des censitaires et jusqu'aux palais des philosophes, alors vous vous hâteriez de réclamer poliment et modestement le concours du clergé pour arrêter l'incendie allumé par vos mains, et vous feriez des brochures pour *défendre la propriété*. Ainsi, général Thiers, vous vous tiendrez toujours en selle à la tête des chevau-légers les journalistes pour vous porter tantôt à droite, tantôt à gauche, selon les besoins de la lutte. Il est possible qu'après avoir usé la jeunesse et la virilité de votre talent à précipiter le char dans les abîmes, vous soyez condamné plus tard à vous atteler par derrière pour l'en retirer; mais alors vous serez vieux et sans force; moi je vous retirerai mon appui, et votre gloire diminuera visiblement.

« Vous, Dupin, facétieux légiste et infatigable aide-de-camp de l'ordre légal, dites-moi, ne pourrait-on pas faire condamner, soit par les esprits forts du Conseil d'État, soit par les esprits faibles du jury bourgeois, quelque évêque, quelque prêtre; par exemple, l'Archevêque de Lyon[1], ou l'abbé

[1] Mgr de Bonald, archevêque de Lyon, publia, le 21 novembre 1844, un mandement où il appréciait et con-

Combalot[1], ces intrépides défenseurs de la liberté évangélique et des droits de l'Église? Ces condamnations plairaient infiniment aux juifs, aux protestants, aux universitaires, aux incrédules de toute espèce, et concilieraient à la dynastie de Juillet un puissant appui parmi les *libres penseurs*. Toutefois, et je ne voudrais pas en répondre, si ces iniquités judiciaires attiraient quelque malheur au roi votre ami, à sa famille ou même à la monarchie; vous, cher Dupin, ne craignez rien, je vous promets, pour vos bons services, de vous constituer procureur général *éternel*, de vous maintenir sous tous les régimes et même sous la République (le cas échéant d'une république), dans vos honneurs, vos places et vos traitements[2].

damnait les doctrines erronées et dangereuses contenues dans un livre de *jurisprudence ecclésiastique* fait par M. Dupin. Or, il arriva, et cela est très-naturel, qu'aux yeux de M. Dupin et de MM. du Conseil d'État, ce fut le mandement de l'archevêque qui renfermait des erreurs dangereuses; l'archevêque a donc été condamné, et son mandement supprimé par arrêt du Conseil d'État, rendu le 29 mars 1845.

[1] L'abbé Combalot avait signalé les doctrines antichrétiennes de l'Université et les dangers que rencontre la foi des jeunes gens dans les colléges de l'État; et pour avoir mis en garde les pères de famille contre un enseignement qui pervertit leurs enfants, il fut condamné, le 6 mars 1844, à un mois de prison.

[2] M. Dupin, nommé procureur général par Louis-Philippe, est resté dans ses fonctions avant, pendant et après la révolution de février, et il y est encore.

« Je viens de donner mes ordres à des hommes actifs et bien disposés à servir mes desseins; mais, je le déclare en leur présence, c'est de votre dévoûment, illustre *Cousin*, que dépend le succès de notre gigantesque entreprise. Oui, c'est par vous que le christianisme sera effacé (s'il peut l'être) de la conscience des Français. Depuis quinze siècles, vous le savez, l'esprit de cette nation est profondément chrétien; eh bien! c'est cet esprit chrétien qu'il faut altérer, mélanger, décomposer, détruire et remplacer. Puissant génie, courez vite aux universités de l'Allemagne luthérienne, calviniste, déiste; empruntez-leur les doctrines panthéistes et les formules rationalistes de leurs nuageux philosophes, et revenez les imposer aux jeunes professeurs destinés à l'enseignement dans les colléges et les cours publics : eux, à leur tour, verseront goutte à goutte le poison corrosif de votre éclectisme dans les âmes des étudiants, forcés par la loi de se nourrir de leurs leçons[1].

« C'est ainsi, cher *Cousin*, que par vos soins l'Université de France lancera chaque année dans

[1] C'est dans les premiers temps du règne de Louis-Philippe que M. Cousin fut envoyé au delà du Rhin pour étudier, puis importer en France l'enseignement protestant et rationaliste des UNIVERSITÉS de l'Allemagne. A son retour, le cours de philosophie, qui termine les études classiques, lui fut livré et abandonné comme sa propriété, sa chose : il en choisit les matières, il en

toutes les directions vingt mille jeunes hommes qu'elle aura reçus religieux et purs des mains de leurs mères, et qu'elle leur rendra incrédules, libertins et bien disposés à désoler la piété de leur famille et à renier la foi de leurs pères. Puis chaque année, à ces vingt mille jeunes hommes saturés d'orgueil et d'irréligion par l'éducation universitaire (et à eux seuls), le gouvernement ouvrira toutes les carrières qui donnent la considération, l'influence, le pouvoir et les honneurs. A eux seuls il confiera les hauts emplois de la magistrature, de l'enseignement, des travaux publics, de la diplomatie, etc., etc. Eux seuls seront admis, comme fonctionnaires de l'État, à s'abriter sous le feuillage argenté, à cueillir les fruits dorés de l'arbre immense qui couvre le sol de la France de ses branches dévorantes et le dessèche par ses racines

dressa le programme, il prescrivit les méthodes, forma les professeurs et distribua les chaires.

Du reste, pour arriver aux emplois du gouvernement, c'était un principe reçu qu'il fallait être bachelier; c'était aussi un principe que, pour être bachelier, il fallait avoir étudié *la philosophie* dans un collége de l'Université. De sorte que par une chaîne composée seulement de trois anneaux, M. Cousin tenait et tient encore dans la plus abjecte servitude toutes les intelligences.

Ajoutez que pour couvrir ce monstrueux esclavage d'un peu d'hypocrisie, l'*Université* a fait graver sur les anneaux de cette chaîne le grand mensonge de la charte des libéraux : *l'enseignement est libre!*

insatiables, je veux dire l'*administration du pays.* O Cousin, faites cela pendant quinze ans, et calculez la portée immense de votre œuvre. Quelle gloire pour vous, illustre démolisseur! et quelle révolution dans vos entrailles, ô royaume très-chrétien!!!

« Toutefois, dans ce grand mouvement irréligieux, c'est vous, ô roi Philippe, qui réglerez les oscillations du balancier destiné à tout remuer : vous activerez, vous ralentirez ce puissant ressort en suprême modérateur, selon les temps et les circonstances : sous votre règne il faut qu'on saccage Saint-Germain-l'Auxerrois et qu'on répare magnifiquement les églises ; il faut qu'on pille l'archevêché de Paris [1] et qu'on donne des croix d'honneur aux évêques. Vous serez chrétien et non chrétien; vous mettrez à votre droite un rabbin ennemi du Christ, et à votre gauche un prêtre

[1] Le 13 février 1831, le roi retint à dîner M. Baude, préfet de police, et se fit adresser directement tous les rapports de la soirée. Parmi ces rapports, les uns annonçaient que, le lendemain, l'archevêché serait envahi; les autres, qu'une attaque serait tentée sur le Palais-Royal, d'après les instructions parties du sein des sociétés secrètes. « Il « faut faire la part du feu, dit le roi à M. Baude, ne songez « qu'au Palais-Royal. » Les ordres de Louis-Philippe furent ponctuellement exécutés. Les émeutiers purent tranquillement accomplir le sac de l'archevêché ; les églises furent profanées et leurs croix abattues: mais le Palais-Royal fut mis à l'abri de toute atteinte.

serviteur du Christ, et vous direz à l'un et à l'autre: « J'ai foi en votre culte, priez pour ma dynastie. » Cet hommage royal rendu publiquement, officiellement, légalement au ministre de la synagogue déicide, et cette monstrueuse association, ou plutôt cette confusion sacrilége de la religion du Sauveur crucifié avec le culte de ses bourreaux, descendront du haut du trône, comme une vapeur épaisse et assoupissante, qui engourdira la foi du peuple en l'empêchant de distinguer la vérité de l'erreur, et l'asphyxiera dans une profonde indifférence.

« Votre dynastie et son établissement seront la pensée unique de votre politique, de votre religion, appuyez-la, non sur le peuple, mais sur la classe électorale à 200 francs, classe puissante qui veut jouir de la vie et ne s'accommode guère des austères prescriptions de l'Eglise catholique. Ne pourriez-vous pas, ô roi, faire glisser doucement votre dynastie vers un protestantisme mitigé, en donnant vos filles à des princes protestants, ou mieux encore, et avec plus de hardiesse, en mariant sans façon l'héritier du trône à quelque luthérienne ou calviniste, et préparer ainsi à la France catholique et au trône de saint Louis, une reine et peut-être une régente hérétique ; cela sera nouveau sous le soleil [1]; et la classe bourgeoise et incrédule vous

[1] Le 9 août 1832, Louis-Philippe marie la princesse

verra, vous devinera et sera touchée du soin que vous prenez de décatholiciser votre dynastie pour la faire à son image et à sa ressemblance : alors il y aura une étroite alliance entre votre famille et la

Louise d'Orléans, sa fille, au protestant Léopold, de la maison de Saxe-Cobourg.

Le 20 avril 1843, Louis-Philippe donne en mariage sa fille, la princesse Marie, à un protestant de la famille de Saxe-Gotha.

Le 30 mai 1837, Louis-Philippe avait porté le plus audacieux défi à la foi religieuse de la nation : ce jour-là il mariait le duc d'Orléans, son fils aîné, l'héritier de la couronne, à une protestante de la famille de Mecklembourg. Par cette alliance le trône des Clotilde, des Radegonde et des Bathilde était assuré à une reine luthérienne, et les enfants sortis de ses entrailles, nourris de son lait, éduqués par sa parole et ses exemples hérétiques, seront désormais les rois de la France catholique : Louis-Philippe le veut, la bourgeoisie l'approuve, et le peuple se tait... Dieu ne se tait pas. Le 13 juillet 1842, le prince royal est trouvé mort sur le chemin de *la Révolte.* A l'instant fatal où le pied du duc d'Orléans glissait du marchepied de sa voiture, le protestantisme glissait des degrés du trône de France, et la dynastie, mariée au protestantisme, glissait avec lui. Ceux qui ne *voient rien* ont appelé cela un *accident;* mais les hommes éclairés ont adoré un jugement et une condamnation tombée *d'en haut.*

Les politiques ne veulent jamais reconnaître ces jugements *d'en haut;* et le 24 février 1848, jour des indicibles angoisses de la nouvelle dynastie, Louis Philippe, tombant de son trône, ne lâchait pas encore prise, et nommait la princesse protestante régente du royaume. Cette veuve infortunée, revêtue de la régence, accourt à la portion la plus riche, la plus puissante de la nation : et l'une et l'autre, se prêtant un mutuel appui, règneront ensemble et pour des siècles sur la France libérale... à moins que *Celui* qui règne dans les cieux et de qui relèvent les empires, ne brise, à une heure fixée par les arrêts de sa justice, et la dynastie protestante et la bourgeoisie incrédule ; ce qui pourrait peut-être arriver... Mais détournons nos regards de cette funeste prévision, et que chacun de vous entre avec ardeur dans la mission que je lui ai confiée ; surtout, et ne l'oubliez pas, faites votre œuvre sans bruit, sans éclat, dissimulez votre but, n'ayez pas l'air de le connaître vous-même, marchez en effaçant la trace de vos pas ; et le peuple français, qui ne soupçonnera pas quelles calamités vous lui préparez, célébrera votre esprit, votre éloquence, votre finesse, vos ruses, jusqu'au jour où il vous verra tous sauter en l'air, victimes de la machine infernale de l'irréligion que vous aurez posée dans le fondement même de la société... Mais votre nom sera inscrit

Chambre des députés pour recevoir les hommages de ses fidèles bourgeois ; elle entre au palais Bourbon..... et ce n'est que pour entendre proclamer la déchéance irrévocable de sa dynastie et les noms des membres du gouvernement provisoire. La voilà seule, délaissée, heurtée dans le tumulte, pas un des courtisans du château ne se lève pour la protéger ; elle perd un de ses enfants, qu'elle tenait par la main, et se sauve par une porte dérobée qui ouvrait pour elle le chemin de l'exil.

dans l'histoire, et on aura beaucoup parlé de vous dans les gazettes! N'est-ce pas tout ce que vous aurez désiré?»

A ces mots la forme humaine s'affaissa sur elle-même, et parut s'enfoncer dans la terre, ne laissant à sa place qu'une vapeur légère imprégnée d'une forte odeur de soufre.

XVI

Dix minutes de réflexion sur l'œuvre et les ouvriers du LIBÉRALISME pendant son règne de dix-sept ans.

Deposuit potentes de sede, et divites dimisit inanes.

Il a renversé les puissants de leur trône, et renvoyé les riches au néant.

Ce plan tracé, ces ordres donnés ont été suivis et exécutés avec une habileté, une exactitude et une persévérance que vous connaissez tous; et les résultats de tant d'efforts et de tant de travaux sont aujourd'hui sous vos yeux.

Maintenant, chers campagnards, mes amis, puisque Dieu nous a fait raisonnables, raisonnons.

Vous disiez que le bras de l'homme remue à son gré la poussière de ce monde et la pétrit à sa fantaisie sans le contrôle divin, sans que la main de Dieu s'y montre.

Voyons si c'est vrai.

Thiers, Dupin, Guizot, Cousin, Philippe, sont-ils doués d'esprit, d'éloquence, de science, d'habileté, de finesse, en un mot, de tout ce qui fait qu'un homme a le bras puissant?... Oui, assurément.

Ont-ils été à même de faire en France ce qu'ils ont voulu, en qualité de lettrés, d'académiciens, de philosophes, d'écrivains, de députés, de ministres, de roi?... Oui encore, n'est-ce pas?

Or, ont-ils voulu dans l'exercice de leur toute-puissance, et en dirigeant à leur souhait les grands ressorts du gouvernement, ont-ils voulu la République?... Non, et cependant la voilà! Ont-ils voulu tuer la dynastie de Juillet?... Non, et cependant la voilà tuée! Ont-ils voulu préparer leur épouvantable chute?... Non, et cependant les voilà tombés!

Donc le bras des hommes ne fait pas ce qu'ils veulent; donc il y a un bras qui n'est pas un bras d'homme, et qui fait ce que les puissants ne veulent pas; qui leur prépare des angoisses quand ils veulent des jouissances; de l'ignominie quand ils veulent de la gloire; des misères et des châtiments quand ils veulent des trônes et des couronnes.

Donc gloire à Dieu, non-seulement dans les hauteurs des cieux où éclate sa puissance par l'ordre invariable des mondes qu'il a lancés dans l'espace; mais aussi gloire à Dieu sur cette terre, gloire à sa justice, qui, au milieu des révolutions, force les passions déchaînées, les ambitions effrénées à lâcher prise, et épouvante les peuples perdus d'égoïsme et d'irréligion, en leur montrant l'abîme ouvert sous leurs pas par leurs chefs incrédules ! Gloire à Dieu, gloire à sa justice, qui, au milieu des triomphes éphémères des méchants, ne précipite point sa vengeance, parce qu'elle sait que ses mains sont inévitables, mais surveille leurs téméraires complots et attend que l'édifice d'orgueil ait atteint une certaine élévation, pour l'abattre d'un seul coup de son tonnerre !

Réfléchissons et raisonnons encore : car, voyez-vous, chers campagnards, c'est très-utile de bien raisonner sur ce que l'on voit, et la réflexion est un exercice qui fortifie le bon sens, éclaire la conscience et dirige la volonté. Un ou deux raisonnements justes, deux ou trois réflexions solides donnent quelquefois à des ignorants, à des serviteurs de la glèbe, comme vous et moi, plus de ce bon esprit français, plus de ce franc amour du pays que n'en ramassent les bourgeois dans leurs cours de littérature, d'histoire et de philosophie universitaires : et, si je vois bien ce que je vois, un jour viendra, amis villageois, où notre bon sens rustique, notre droite conscience, notre ferme foi religieuse et notre bras nerveux seront les seules armes que la France pourra opposer à l'anarchie, à la corruption, aux sanglantes calamités préparées et fomentées dans les colléges, les académies, les instituts, les sociétés savantes, les sociétés secrètes des grandes villes, par les illustres politiques et les illustres lettrés du libéralisme et du socialisme ; ainsi seront sauvés (si Dieu daigne les sauver) les villes par les campagnes, la capitale par les provinces, et les bourgeois qui font des constitutions et lisent des romans par les paysans qui font leur prière et apprennent le catéchisme.

Revenons donc, amis campagnards, à nos réflexions sur le grand œuvre et les grands opérateurs du libéralisme.

Ces hommes ont voulu sérieusement, fortement, persévéramment pour le peuple, l'accroissement continuel des lumières, du bien-être, de la civilisation, de la richesse : en un mot, ils ont voulu le progrès partout et toujours le progrès. Leur littérature était un progrès, leur philosophie un progrès, leur savoir-faire politique un progrès, chacune de leurs lois un progrès, chacune de leur pensée une pensée de progrès ; je crois même qu'ils se donnaient entre eux le beau nom de *progressifs*.

Mais retenez bien ceci, chers campagnards, mes amis, ils voulaient le progrès en se passant de Dieu, qu'ils chassaient de leurs codes, de leurs mœurs, de leurs habitudes, de leurs écoles, de leurs arts et du cœur du peuple. Ils voulaient le progrès sans l'Eglise catholique et contre l'Eglise catholique qu'ils accusaient d'être ennemie du progrès parce qu'elle est toujours la même, comme Dieu qui l'a établie est toujours le même, et parce que les vérités qu'elle redit à la terre ne peuvent être ni modifiées, ni changées, ni diminuées, ni augmentées, ni réformées par les politiques et les philosophes.

Or, pour réaliser ce progrès ils possédaient d'immenses moyens, et d'abord de l'argent à satiété.

Avaient-ils besoin d'un million, de dix millions, de cent millions, de dix cent millions, de quinze cent millions? ils déposaient dans l'urne de la Chambre une simple boule blanche, puis on ouvrait l'urne et il en sortait un billet à ordre de quinze cent millions à prendre chez les contribuables.

Pour réaliser ce progrès, ils avaient encore à leur service des ressources plus fécondes que l'argent de la France, ils possédaient toutes les forces intellectuelles du plus éclairé des peuples : ils appelaient à leur aide les vieilles expériences groupées dans la Chambre des pairs, les plus hautes capacités de la nation assemblées dans la Chambre des députés, les principales notabilités du pays délibérant dans les conseils des départements. Depuis le conseiller de la couronne jusqu'au conseiller municipal de village, tout homme qui avait une observation utile, un procédé nouveau, une idée heureuse, en un mot, un progrès à indiquer était écouté, applaudi, récompensé. Il n'y avait que l'Église catholique, cette divine institutrice de la société européenne, qu'ils n'écoutaient pas.

Pour hâter le progrès, l'Université ouvrait ses colléges, l'Académie tenait ses séances, l'Institut composait ses mémoires, les congrès de toute espèce s'assemblaient, péroraient et délibéraient : seule l'Église catholique, à qui la parole de vie et de civilisation a été confiée, n'était point interrogée; et si elle voulait dire son mot, on lui mettait le doigt sur les lèvres et on se bouchait les oreilles.

On courait à la recherche du progrès sur tous les points du globe, et pour le trouver et en doter la France, les diplomates traversaient les mers, les savants devenus pèlerins du progrès s'en allaient remuer la poussière et les ruines d'Athènes, de Babylone et de Memphis.

Or, campagnards mes amis, voulez-vous savoir où tout cela a finalement abouti, et quel progrès ont obtenu ces hommes si puissants par eux-mêmes et si merveillement secondés par l'argent, la science et la force de trente millions d'hommes? Ouvrez les yeux, après dix-sept ans de sagesse, d'habileté, de ruses et d'efforts gigantesques, les voilà près d'atteindre leur civilisation libérale, sensuelle, matérialiste; dans l'enivrement de leur succès ils prennent leurs désirs pour des réalités; ils déclarent que Dieu est vaincu, que le christianisme a fait son temps, que l'Église est morte; et au nom de la philosophie, héritière de ses domaines et de ses droits, ils convient les peuples à ses solennelles funérailles. Mais, pendant que ces impies sonnent le glas de l'Église catholique, un nuage léger se montre à l'horizon, il grandit en s'élevant, en un clin d'œil enveloppe Paris; la foudre part avec l'éclair et brise leurs complots, leurs espérances, leurs joies, leur œuvre et leurs bras.

Contemplez, pour votre consolation et votre instruction, campagnards mes amis, ces forts, ces braves contre Dieu et contre l'Église, contemplez-les aujourd'hui précipités du pouvoir, dispersés, éperdus, couverts de confusion.

Contemplez leur progrès; c'est la misère accompagnée de la douleur et de l'épouvante passant, comme des anges de la vengeance divine, par les palais, par les châteaux, par les magasins, par les usines, par les fabriques, par les ateliers, frappant tous leurs habitants, qui y célébraient hier encore le perfectionnement et le progrès dûs à leur industrie et à leur habileté.

Contemplez leur civilisation : c'est entre concitoyens, la fureur, la rage, le sang, l'égorgement près des musées, à côté des bibliothèques, derrière les colonnades des palais, sur les degrés des théâtres, sous les yeux de leurs statues de marbre, de porphyre et d'airain.

Contemplez leur civilisation : c'est de frère à frère, de voisin à voisin, de porte à porte, de fenêtre à fenêtre, avec le pistolet, le fusil, la baïonnette, le sabre poignard, le canon, la mitraille, le pavé de la barricade !!!

Contemplez leur civilisation : c'est le bedouin,

c'est le sauvage, non du désert, mais du boulevard des Capucines, de la rue Transnonain, de la place de l'Estrapade, du faubourg Saint-Antoine, ayant dans sa poche son diplôme de bachelier, de licencié, de docteur, d'agrégé de l'Université, et dans sa giberne et ses goussets de la poudre, des chevrotines et des balles mâchées pour ses confrères, ses concitoyens, fiers comme lui de leur civilisation avancée.

Et, chers campagnards mes amis, à côté de ce progrès en ruine et de cette civilisation dégouttante de sang fraternel, voyez l'Église catholique toujours vivante, toujours debout, élevant jusque dans les cieux son front rayonnant de majesté et d'amour, et abaissant avec tendresse ses mains pleines d'un baume divin vers les blessés et les mourants de la civilisation; voyez-la répandant l'huile et le vin de la parole et des sacrements sur les plaies de la société tombée entre les mains des voleurs, dépouillée du manteau de ses croyances et de la robe de ses vertus chrétiennes, et laissée à demi morte sur le chemin du progrès.

Voyez les désastres du libéralisme et la vie, la force, l'immutabilité et l'invincible charité de l'Église catholique, et répétons tous en chœur :

Donc gloire à Dieu, non-seulement dans les hauteurs des cieux où éclate sa puissance par l'ordre invariable des mondes qu'il a lancés dans l'espace; mais aussi gloire à Dieu sur cette terre, gloire à sa justice qui au milieu des révolutions force les passions déchaînées, les ambitions effrénées à lâcher prise, et épouvante les peuples perdus d'égoïsme et d'irréligion en leur montrant l'abîme ouvert sous leurs pas par leurs chefs incrédules! Gloire à Dieu! gloire à son immortelle Église, qui, au milieu des triomphes éphémères des méchants et des calamités sans nombre qu'ils enfantent, reste toujours pour combattre les uns et adoucir les autres, répandant sur le monde qui chancelle et gémit les vérités de l'immuable Évangile et les intarissables consolations de ses espérances éternelles!

XVII

Je meurs, mais je revivrai.

J'avais encore beaucoup de choses utiles à vous dire, chers campagnards; mais, hélas! il faut se séparer. Je sens courir dans mes moelles une flamme dévorante. et sous mon écorce un froid glacial. Amis! c'est l'agonie, c'est la mort!

Je meurs sans regrets et sans remords : sans regrets, parce que je n'ai été ni trompé, ni trompeur dans cette révolution qui a fait tant de dupes et tant de victimes; sans remords, parce que, planté par les plus turbulents pour épouvanter les plus paisibles citoyens, j'ai contribué par ces solennelles plantations à calmer les bouillonnantes irritations d'une populace victorieuse. Je meurs sans remords, parce que, si mon pays penche vers l'abîme, je ne l'y ai point poussé comme tant d'intrigants, par ambition, par mauvaises affaires, par jalousie, par dépit, par impiété, par sotte vanité ou coupable aveuglement. Je n'ai été d'aucun parti, et j'ai dit, en ces mémoires, de franches vérités à tous les partis. Oui, j'ai tenu d'une main ferme le flambeau de la vérité en face des doctrines, en face des actes et en face des hommes qui ont désorganisé la France. J'ai vu le mal et j'en ai signalé les causes; j'ai vu la souffrance, et j'en ai indiqué le remède. Ma mission d'ami du peuple a donc été bien remplie, et je remercie Dieu de m'en avoir donné le courage, et les Français de m'en avoir fourni l'occasion en m'établissant le représentant de leurs plus chers intérêts.

Mais si mon passé me laisse tranquille en ce moment suprême, votre avenir, ô Français qui m'êtes si chers! votre avenir m'inquiète, me trouble, m'accable... Quels sinistres pressentiments[1]!...

[1] Un témoin des derniers moments du peuplier nous a communiqué la note suivante :

« Ce sincère ami du peuple exprimait ses craintes sur l'avenir du pays, et voilà que tout à coup il se trouble, son esprit semble frappé de quelque grande scène invisible pour nous, et ses paroles saccadées indiquent les vives émotions qui l'agitent.

« N'est-ce pas, s'écriait-il, le tonnerre que j'entends?...
« Quels coups affreux! Et quels sont ces trois nuages,
« partis l'un après l'autre du même point de l'horizon, et
« réunis ensemble pour n'en former qu'un seul qui s'é-
« tend sur la France comme un immense linceul taché
« de sang? De ses plis s'échappent la grêle qui brise, et

. . . .
. . . . Ah! je respire encore!... Français, permettez-moi de vous confier mes dernières

« la foudre qui consume..... Mais l'orage disparaît, et derrière le nuage qui se dissipe j'aperçois une lumière « douce et pure.... On dirait qu'elle part d'un diamant « d'un prix infini attaché à une croix resplendissante.....

« .... Quelle est belle de jeunesse, quelle est vénérable « de vieillesse cette femme forte qui porte la croix dans « ses bras et l'élève aux yeux de la France agenouillée, « repentante et consolée!.... Quelle paix! les siècles de la « civilisation chrétienne reprennent leur cours. »

En achevant ces paroles, le peuplier revint de son évanouissement, et parut très-étonné de se trouver encore sur la place publique.

NOTA. — *Il ne convient pas de donner une grande importance à des mots échappés dans le délire de l'agonie; nous nous contenterons de rapporter l'explication que des amis intimes du peuplier en ont faite. Selon eux, le peuplier a voulu dire que la France s'étant détournée des voies lumineuses de l'Évangile pour suivre les sophistes modernes, va expier sa folie par une cruelle épreuve. Les trois nuages partis du même point sont le philosophisme voltairien, le rationalisme de Cousin et le socialisme de Proudhon, qui ont pour point de départ l'indépendance de la raison, posée en principe par le protestantisme. Ces trois sources d'erreurs ont tour à tour miné la société, qui va crouler sous les derniers coups du socialisme. Les Français épouvantés et corrigés par des calamités inouies, détesteront alors ces doctrines infernales, et redemanderont à l'Évangile et à la croix présentés par l'Église, la voie, la vérité et la vie.*

L'Éditeur de ces MÉMOIRES *pense que ces calamités imminentes seront épargnées aux Français, si les avis de ce bon et brave peuplier sont écoutés.*

volontés. L'arbre de votre liberté ne veut pas périr tout entier ; amis qui m'avez tant honoré, hâtez-vous de me rendre à une existence meilleure, à des fonctions plus augustes, à des honneurs plus durables : vous le pouvez. De mon bois, devenu inutile, faites une croix, dressez cette croix à la place même que j'occupe, et que sur l'un de ses côtés le peuple lise : *Spes unica,* **UNIQUE ESPÉRANCE DE LA FRANCE** ; et que les hommes qui sont au pouvoir méditent les paroles inscrites sur l'autre face : *In hoc signo vinces,* **L'AUTORITÉ NE TRIOMPHERA DE L'ANARCHIE QUE PAR CE SIGNE SACRÉ**, et l'ordre ne renaîtra que par la religion.

Alors je revivrai, alors je serai véritablement l'*arbre de la liberté et du salut,* l'étendard de la civilisation et du progrès, le symbole de la fraternité et de la charité, le guide et le protecteur de ceux qui gouvernent et de ceux qui sont gouvernés.......

Mais une nouvelle faiblesse s'empare de moi, c'est la dernière ; adieu, chers campagnards mes am.............

FIN.

PARIS. — Imp. Bailly, Divry et Ce, place Sorbonne, 2.

www.ingramcontent.com/pod-product-compliance
Ingram Content Group UK Ltd.
Pitfield, Milton Keynes, MK11 3LW, UK
UKHW021231230726
13926UKWH00003B/1362